Stefanie Knöll (Hrsg.)

VANITAS
Graphiken 1980–2010

d|u|p

Schriften der Graphiksammlung „Mensch und Tod"
am Institut für Geschichte der Medizin
der Heinrich-Heine-Universität Düsseldorf
Herausgegeben von Stefanie Knöll
Band 7

VANITAS
Graphiken
1980–2010

Herausgegeben von Stefanie Knöll

d|u|p

Bibliografische Information der Deutschen Nationalbibliothek

Die Deutsche Nationalbibliothek verzeichnet diese Publikation in der Deutschen Nationalbibliografie; detaillierte bibliografische Daten sind im Internet über http://dnb.dnb.de abrufbar.

Stefanie Knöll (Hrsg.)
VANITAS. Graphiken. 1980–2010.

(Schriften der Graphiksammlung „Mensch und Tod" der Heinrich-Heine-Universität Düsseldorf; Bd. 7)
düsseldorf university press ISBN: 978-3-95758-012-2

1. Auflage 2015

Redaktion: Stefanie Knöll
Bildredaktion: Stefanie Knöll
Lektorat: Michael Overdick, Stefanie Knöll, Julia Engels
Layout: Jennifer Liß
Umschlaggestaltung unter Verwendung eines Werkes von Josef Ferdinand Seitz.
Druck: Druckerei Frick, Krumbach

Inhalt

Vorwort

Nach acht Jahren als Kustodin der Graphiksammlung „Mensch und Tod“ werde ich die Heinrich-Heine-Universität Düsseldorf verlassen. Neue Herausforderungen warten. Dies ist für mich Anlass, auf die vielen Ausstellungs- und Publikationsprojekte, die Studientage und Tagungen der vergangenen Jahre zurückzublicken. Es ist aber auch Zeit, das beträchtliche Anwachsen der Sammlung zu thematisieren, das sich v. a. den Schenkungen von Künstlern verdankt.

Einige besonders markante dieser seit 2007 neu hinzugekommenen Blätter möchte diese Publikation vorstellen. Viele von ihnen sind Teil größerer Konvolute, die unsere Spezialsammlung außerordentlich bereichern. Ich danke allen Künstlern bzw. ihren Witwen für ihre Großzügigkeit und ihr Vertrauen beim Überlassen der Blätter! Danken möchte ich ihnen auch für ihre positiven, ermutigenden Reaktionen auf die Idee zu dieser Publikation. Ohne ihre Unterstützung wäre die reiche Bebilderung dieses Bandes nicht möglich gewesen.

Mein besonderer Dank gebührt Herrn Robert Matzek. Seine 1991 durch die Heinrich-Heine-Universität angekaufte Privatsammlung bildet zusammen mit der Sammlung Block den Grundstock der Graphiksammlung „Mensch und Tod“. Robert Matzeks Interesse am weiteren Ausbau der Sammlung hat nie nachgelassen. Dass er das Zustandekommen dieses Bandes nun auch noch durch eine großzügige finanzielle Unterstützung ermöglichte, ist schlichtweg überwältigend.

Last but not least geht mein Dank an Jennifer Liß, die sich erneut kompetent um das Layout der Publikation gekümmert hat und etliche Jahre mit großem Engagement für die Graphiksammlung „Mensch und Tod“ tätig war.

Dr. Stefanie Knöll, Kustodin
Düsseldorf, im Juli 2015

Josef Ferdinand Seitz

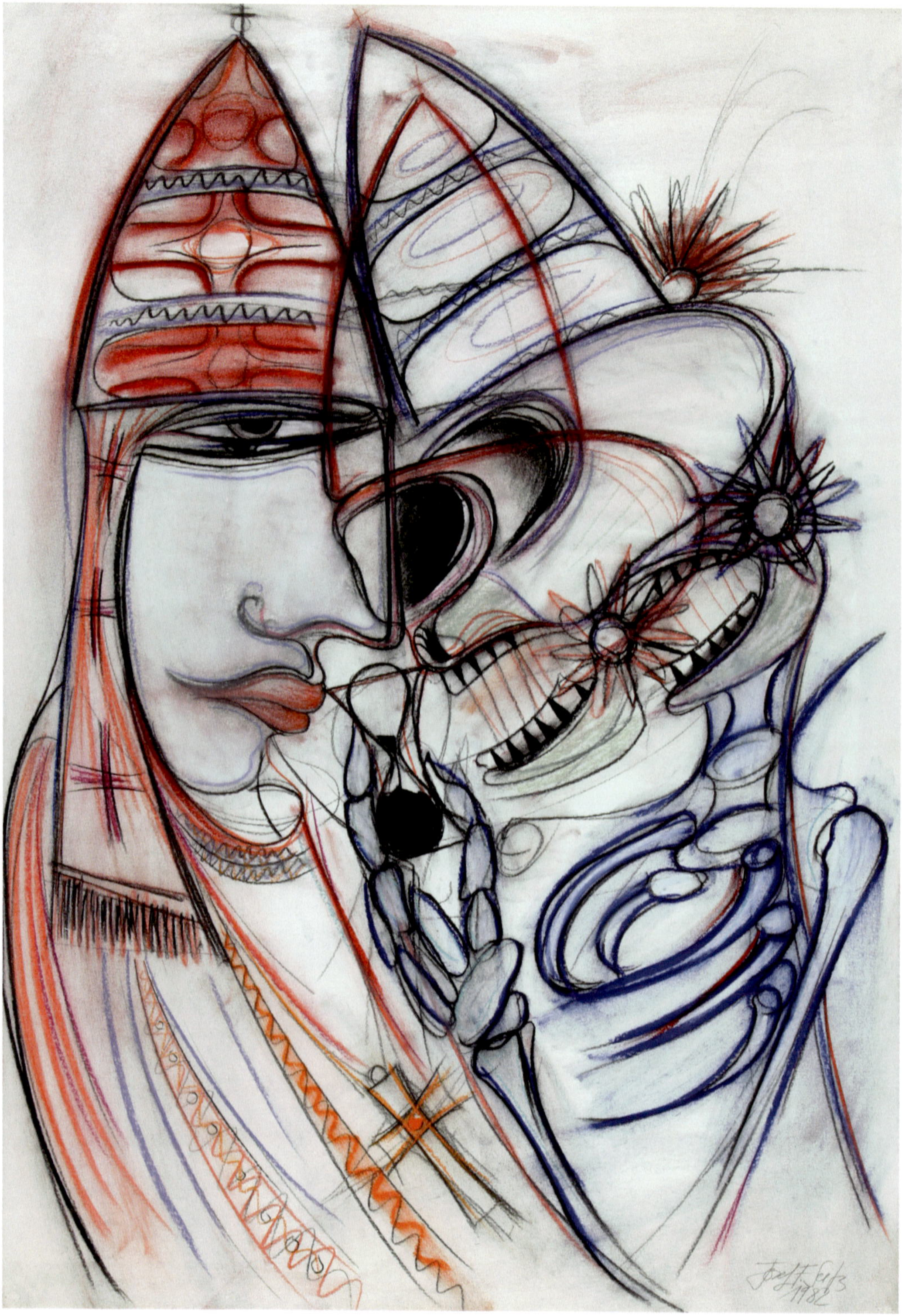

Abb. 1: Josef Ferdinand Seitz, „Tod und Papst", Blatt 3 von 10 der Folge *Der Totentanz*, Zeichnung in Pastellkreide, 1982, Inv. Nr. F 1639.

Josef Ferdinand Seitz, Zyklen zwischen 1982 und 1996

Luise Maslow

Die Arbeiten von Josef Ferdinand Seitz (1942 Mittenwald/Karwendel–2006 Düren) beschäftigen sich mit grundlegenden Themen des menschlichen Seins. Auffällig an seinem Werk ist die Beständigkeit des Schaffens, die intensive Beschäftigung mit einem immerwährenden Sujet. Kunst ist für Seitz „Existenznotwendigkeit und ästhetisches Tun“[1]. Im Anschluss an eine Bildhauerausbildung in Garmisch-Partenkirchen 1956–1961 studierte Seitz an der FH für Bildende Kunst in Köln 1962–1968 bei Friedrich Vordemberge (1897–1981) und Karl Marx (1929–2008) und wurde 1968 zum Meisterschüler ernannt.[2] Nach der Arbeit als Kunsterzieher eines Dürener Gymnasiums war er seit 1990 ausschließlich als freier Maler tätig. In einer konsequenten Entwicklung seit den 60er Jahren bleibt der Körper als Metapher des menschlichen Daseins das grundlegende Thema seines gesamten künstlerischen Werks. Die formatfüllenden Kompositionen aus Körperformen in verschiedenen (Misch-)Techniken in Tusche, Kreide, Acryl- und Aquarellfarbe setzen sich mit Bewegung und Sexualität ebenso wie mit Krankheit, Schmerz und Sterben auseinander. Sie spielen dabei symbolhaft auf mythologische und religiöse Themen an und bezeugen trotz traditioneller Motive eine sehr persönliche Auseinandersetzung mit den beharrlich wiederholten, häufig in Serien und Folgen variierten Themen. Die Motivation für diese intensive Beschäftigung liegt in Seitz‘ Biographie. Die Bilder „berichten von erlebter Wirklichkeit“[3] und sind doch frei von Selbstmitleid. Zur Bewältigung eigener körperlicher und seelischer Schmerzen sind die Bilder Ausdruck eines existentiellen Drängens. Neben intensiven Erlebnissen – eigene schwere Krankheit und Todesnähe – ließ sich der Künstler durch Totentänze und Reliquienschreine in den Klöstern Ettal, Lechfeld, Benediktbeuern und Landsberg am Lech inspirieren. Nachdem frühe Ölbilder das thematische Spektrum abgesteckt hatten, wandte sich Seitz seit 1982 mehr und mehr der Zeichnung zu.

Im Totentanz aus dem Jahr 1982 (Abb. 1 und 2), seit 2007 im Besitz der Graphiksammlung „Mensch und Tod“, wird die traditionelle Totentanzmotivik aufgeladen mit „dem von apokalyptischen Vorstellungen gedrückten Zeitgeist der achtziger Jahre“[4]. Trotz expressiver, an die klassische Moderne erinnernder Formen- und Farbensprache wirken die

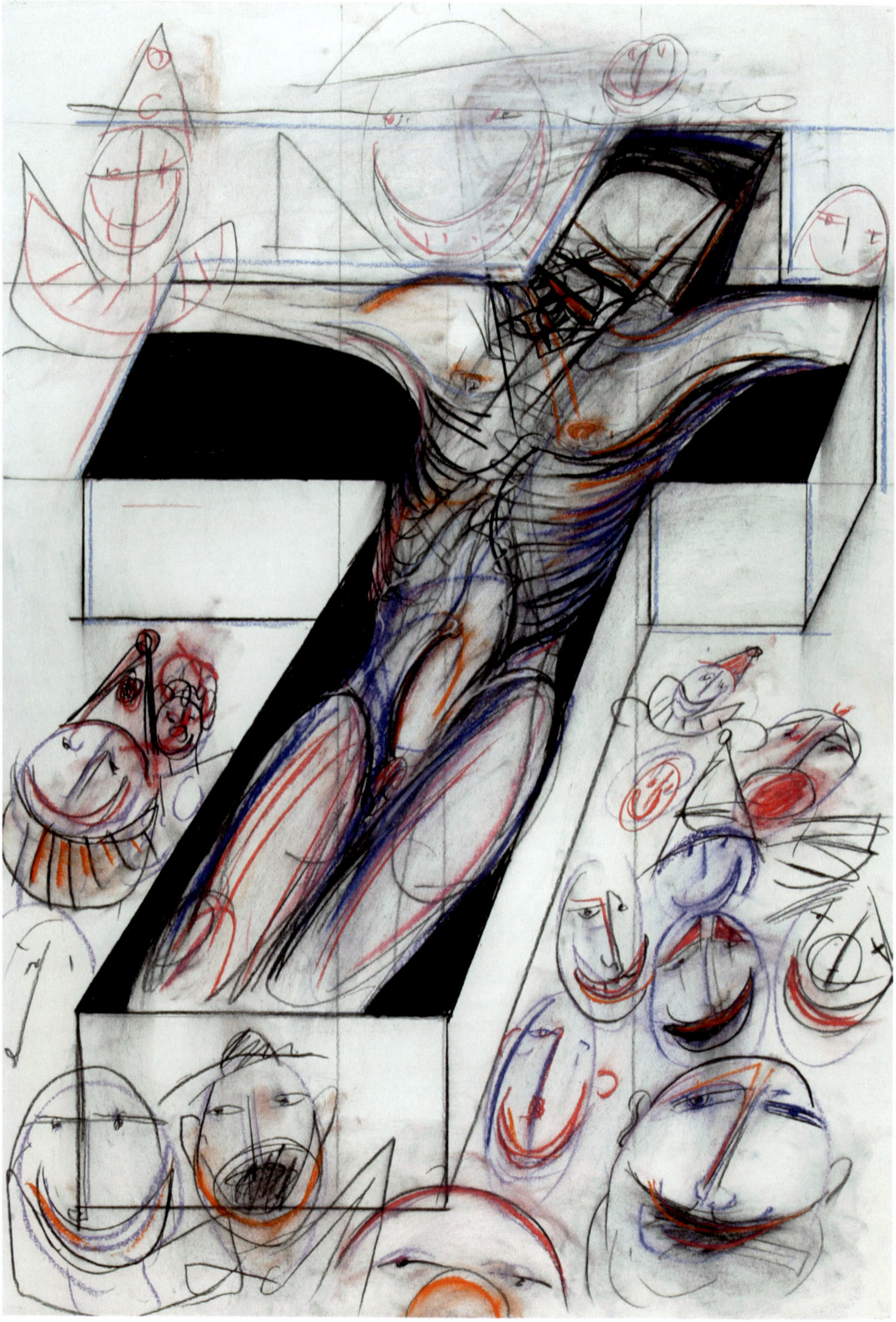

Abb. 2: Josef Ferdinand Seitz, „Erlösung“, Blatt 10 von 10 der Folge *Der Totentanz*, Zeichnung in Pastellkreide, 1982, Inv. Nr. F 1646.

Pastellzeichnungen daher schwermütig und resigniert. Die Folge variiert das im Jahr 1982 etliche Male wiederholte Thema „Das Paar".[5] Der Tod, häufig mit traditionellen Vergänglichkeitssymbolen wie einem Stundenglas ausgestattet, begegnet den teils traditionellen Standesvertretern Mädchen, Clown, Papst, Jurist, Soldat, Motorradfahrer, Politiker, Geizhals und Zauberer, die mit modernen Attributen an Aktualität gewinnen. Zum Teil trägt das Todesgerippe eine seinem Gegenüber abgeschaute Verkleidung, als wolle es die Standesvertreter verhöhnen. Die mit einer Kreuzigungsdarstellung (Abb. 2) endende Folge führt die zeitlose Botschaft vor Augen, dass jeder Mensch auf seine Weise mit der Unausweichlichkeit seines Sterbeschicksals konfrontiert werden wird. Die Reaktionen der aus dem Leben Gerissenen scheinen zwischen mehreren Gemütszuständen zu changieren. Verschiedene Gesichtsprofile, Augen und Münder, über- und nebeneinander festgehalten, machen widerstreitende Gefühle und Spannungen lesbar. Im Gegensatz dazu erscheint der grinsende Tod mit grausamer Klarheit. Vor allem die weibliche Figur in praller Nacktheit als Inbegriff des blühenden Lebens und elementarer Sinnlichkeit kontrastiert in Anlehnung an das Motiv „Der Tod und das Mädchen" mit dem Gerippe. Viele Begegnungen ereignen sich inmitten blühender Pflanzen, die die Nichtigkeit und Vergänglichkeit des menschlichen Lebens symbolisieren.

„Denn alles Fleisch, es ist wie Gras und alle Herrlichkeit des Menschen wie des Grases Blumen." (Jesaja 40,6) Mit diesem biblischen Vers, mit dem Seitz einen seiner Bilderzyklen betitelte, ließe sich sein Gesamtwerk überschreiben. Der aus acht Zeichnungen bestehende Totentanz aus dem Jahr 1996 (Abb. 3 und 4), der im gleichen Jahr als Schenkung des Künstlers in die Düsseldorfer Graphiksammlung gelangte, zeigt das Ergebnis der künstlerischen Entwicklung, die nun vollkommen eigene Bildsprache Seitz'. Die im Laufe des Künstlerlebens bevorzugte Technik der Tuschezeichnung mit Aquarell ermöglicht eine spontanere Gestik. Eine Explosion wilder, aggressiver Striche verbunden mit intensiven oder auch sanfteren Farbflächen bildet erneut Paare – Mann und Frau, Mädchen und Tod, Paar und Tod, Tod und Mann – als torsohafte oder skelettierte Figuren mit kleinen, manchmal kaum erkennbaren Köpfen. Die reduzierten Gestalten begegnen sich mal wie im Kampf, scheinen mal harmonisch nebeneinanderzuliegen oder wie in Vereinigung zum Liebesakt oder einer gemeinsamen Tanzbewegung zu verschmelzen. Die Begegnungen zeigen damit Anklänge an traditionelle Totentanzmotivik, das Motiv von Tod und Mädchen sowie an antike Todessymbolik, indem der Tod als Bruder des Schlafes aufgefasst wird.[6] Das seelische Erleben der Figuren drückt sich nicht in Gesichtern, sondern nur in Form, Haltung und Bewegung aus: „Übersteigerter Ausdruck, gestenhafte Verzerrungen der Gestalten lassen die extremen Gefühlsbewegungen, die Spannungen und gegeneinander wirkenden seelischen Kräfte erahnen, die den Maler aufwühlen, die aber auch – verallgemeinert – den gequälten, mit sich un-eins seienden Menschen unserer Zeit zeigen, der von innerem Schmerz, Entsetzen oder überschwappender Freude bewegt und erschüttert wird."[7] Durch die Reduktion auf die ekstatische Gebärdensprache bekommen die Körper ikonographische Bedeutung für existentielle menschliche Zustände und Ängste.

Seitz betont archetypische Ambivalenzen des Daseins, die den Menschen kontinuierlich begleiten: den Dualismus zwischen Körper und Geist, Werden und Vergehen, Stärke und Schwäche. Er bleibt am Figürlichen orientiert, lässt aber zu, dass physikalische Kräfte – durch verlaufende Farbe, Schlierenbildung – einwirken, sodass auch der Entstehungsprozess den „Kampf von Geist und Materie"[8] spiegelt. Durch die phantastischen Verfremdungen der vordergründigen „organisch-realistische[n] Formen" wird hinter diesen „eine

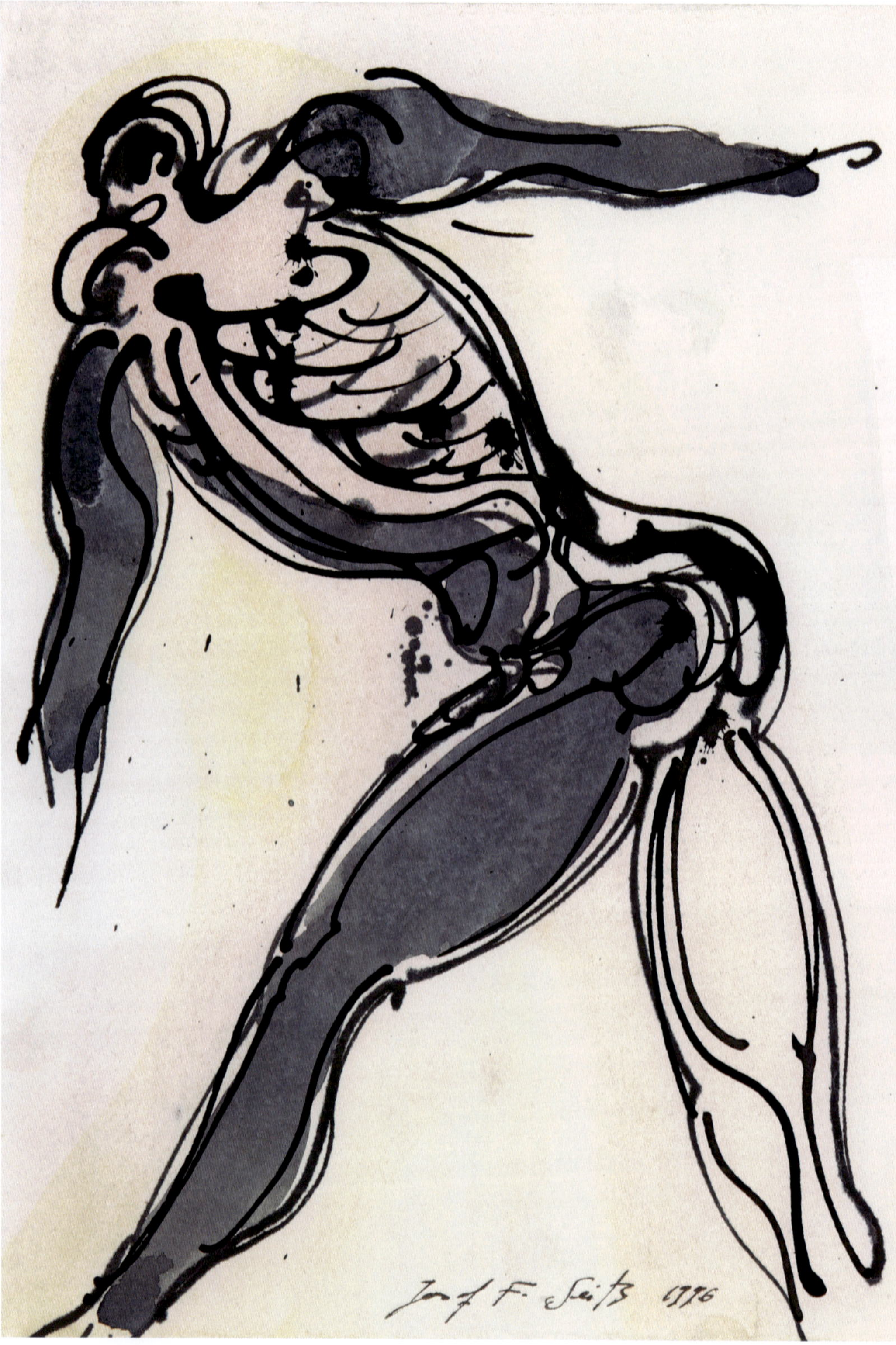

Abb. 3: Josef Ferdinand Seitz, „Totentanz II", Blatt 2 von 8 der Folge *Totentanz*, Zeichnung in Tusche und Aquarell, 1996, Inv. Nr. F 1406.

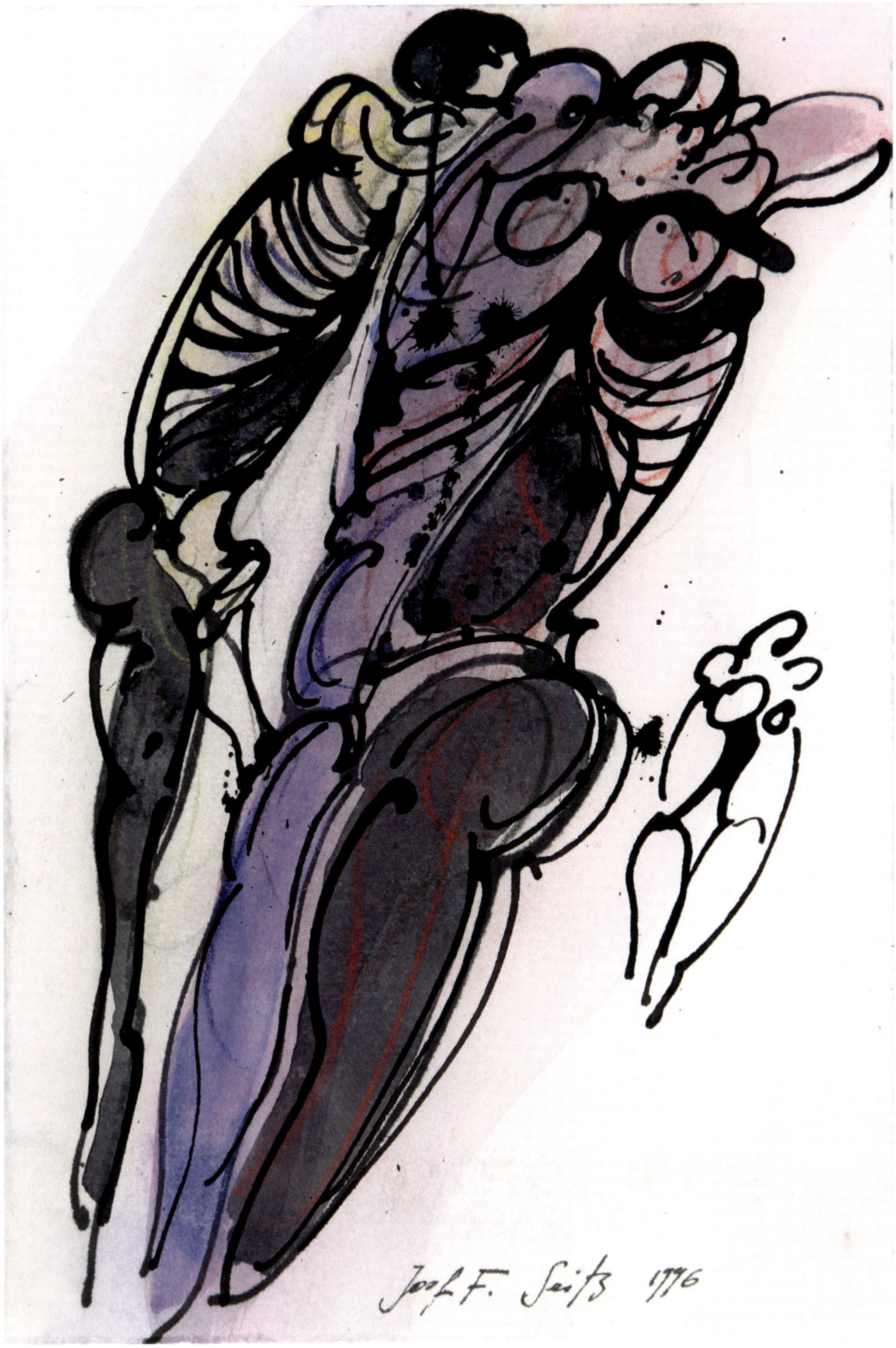

Abb. 4: Josef Ferdinand Seitz, „Totentanz IV", Blatt 4 von 8 der Folge *Totentanz*, Zeichnung in Tusche und Aquarell, 1996, Inv. Nr. F 1408.

vielschichtig hintergründige, tiefergründige, abstrakt-phantasievolle – meinetwegen ‚surrealistische' – neue (Bild-)Welt" sichtbar.[9] Aus der Verbindung traditioneller Symbolik religiöser und mythologischer Herkunft mit Totentanzmotiven und dem persönlichen Umgang mit bildnerischen Mitteln entwickelte Seitz eine individuelle und originelle Symbolsprache, die sich dem Betrachter dennoch intuitiv und assoziativ erschließt und das philosophische Denken des Künstlers anschaulich werden lässt. Dabei erlauben vor allem die Zeichnungen als „literarisch-poetisch abgehandelte Themen [...] vieldeutige, phantasiereiche Interpretationen"[10].

Die philosophische Grundlage des in diesen Zeichnungen seit den 60er Jahren ausgedrückten Menschenbildes ist Martin Heideggers (1889–1976) „Geworfenheit".[11] Der Mensch erscheint in der Betonung des „Körpermenschen vor dem Geistesmenschen"[12] als schutz- und wehrlos in die Welt geworfenes Wesen. Seitz zeigt den Menschen in den Phasen, in denen er als zerbrechliches Wesen auf seine Körperlichkeit reduziert ist: Sexualität und Sterben (in einigen Werken auch Geburt und Krankheit). In der Herausstellung der archaischen Grundbedingungen des Menschen liegt die Möglichkeit der dem Menschen innewohnenden Unberechenbarkeit, dem möglichen Ausbruch des Menschen aus seiner kulturellen Zähmung. Mit diesem Thema, das ebenfalls niemals an Aktualität verliert, nimmt Seitz – gerade durch die Verallgemeinerung der existentiellen Grundproblematik – auch Bezug auf soziale und politische Ereignisse und Zustände. Sein Ziel ist dabei nicht die Darstellung des allgemeinen, kollektiven Sterbens, sondern der persönlichen, individuellen Todeserfahrung und Ängste. Durch die Verfremdung und Deformation der Körper symbolisiert er „psychische Selbstentwürdigung und physische Selbstverstümmelung des Menschen"[13] und protestiert gegen eine Welt, die Sterben und Tod verdrängt und angesichts einer naturwissenschaftlichen, rationalen Todesauffassung auf statistischen Wert reduziert. Besonders deutlich wird dies, wenn Seitz Blätter aus anatomischen Werken mit seinen Körpermetaphern übermalt (Abb. 5). Durch den Gegensatz zur wissenschaftlichen Distanz und Nüchternheit hebt er die seelische Dimension menschlicher Existenz hervor.[14] Er zeigt Widersprüche im heutigen Todeserleben und verunsicherten transzendenten Sinn der Existenz angesichts der Entfremdung vom kollektiven Erleben kultischer Formen auf. „Das Wissen um die gegenwärtig andauernde Selbst-Entwürdigung menschlicher Existenz verpflichtet meines Erachtens gerade das (auch künstlerisch-) tätige Individuum zu Bemühungen um eine menschenwürdigere Gesellschaft."[15]

‚Geworfenheit', Ausgesetztsein in der Welt, bedeutet für den Menschen, der sich die Ohnmacht angesichts der Seinsfragen eingestehen muss, lebenslänglichen Kampf, Unruhe und Angst. Die im Jahr 1985 entstandenen Folgen von Tuschezeichnungen *Metamorphose des Fleisches* (Abb. 6) und *Krankheit und Tod* (Abb. 7), die durch eine größere Schenkung von Graphiken Seitz' durch seine Witwe im Jahr 2013 in die Graphiksammlung „Mensch und Tod" gelangten, sind Ausdruck dieser philosophischen Grundhaltung. Besonders der Zyklus *Krankheit und Tod* (Abb. 7) lässt persönliches Erleben des Künstlers erahnen. In diesen Graphiken ist der Tod nicht personifiziert dargestellt. Der Tod wird bei diesen Darstellungen von Krankheit, Leid, Todesnähe und sich transformierenden Körpern jedoch unausweichlich vom Betrachter mitgedacht. Die ‚Geworfenheit in die Welt' radikalisiert sich zur ‚Geworfenheit in den Tod'. Der Tod ist nicht das Ende des Lebens, sondern das Leben ist ‚Sein zum Ende' oder auch ‚Vorlaufen in den Tod' (Heidegger), der in jedem Augenblick hereinbrechen kann. Der Tod charakterisiert so wesentlich das Leben des Menschen. Ein angemessenes Selbst- und Lebensverständnis lässt sich nur durch Rückbezug auf die eigene Endlichkeit und Einmaligkeit gewinnen. Indem die Gewissheit des Todes den Menschen aus Alltagsroutinen und Belanglosigkeiten entreißt, lässt sie ihn erst frei werden für die eigentliche Gestaltung des Lebens. Grenzerfahrungen öffnen den Horizont des transzendenten Absoluten. Die erste schockierende Wirkung der Bilder Seitz' auf den Betrachter soll Konfrontation und Mahnung sein und zu persönlicher Auseinandersetzung und kritischer Reflexion der Wirklichkeit führen.

Seitz beleuchtet diese Grundprobleme menschlicher Existenz aus einer christlichen Weltsicht heraus.[16] Seine metaphorisch aufgefassten Körperdarstellungen erscheinen ohne christliche Ideen – etwa von Reliquiaren – und christliche Bildlichkeit kaum denkbar.[17] Die häufig in Seitz Werk anzutreffenden Kreuzigungsdarstellungen bedeuten nicht zuletzt die Annäherung des Menschen an Christus durch eigenes Leid. Im Moment des Schmerzensschreis des Gekreuzigten wird Gott am menschlichsten. Gott erscheint nicht als strafender, Leiden auferlegender Gott, sondern leidet als Menschgewordener selbst, setzt der menschlichen Möglichkeit, zu erduldendes Leid nach außen zu tragen und so immer weiter fortzusetzen, stellvertretend ein Ende, gibt Hoffnung auf ein Ende des Leids im Jenseits und irdischem Leid den Charakter heilsamer Nachfolge Christi. Seitz verliert nie diesen universalen Verheißungshorizont (Abb. 8). Der Gedanke des Aufsichnehmens des Leidens und die Einsicht in seine moralische Unerklärbarkeit stehen im Vordergrund. Dazu will Seitz ermutigen: „Selig sind, die da Leid tragen; denn sie sollen getröstet werden." (Matthäus 5,4) So macht gerade die immerwährende Wiederholung Hoffnung durch das Bleibende im Vergehenden. Indem Seitz Druckseiten von eigenen Ausstellungskatalogen erneut mit einem Paar aus Körper- und Skelettformen übermalt (Abb. 9), legt er den Menschen als wiederholendes Wesen frei, das die Möglichkeiten seiner eigenen Existenz nur durch Aneignung und Verinnerlichung seiner Geschichtlichkeit erreichen kann.

Seitz wählt den Weg, das Leid in Zuversicht zu tragen – als Akt menschlicher Würde –, nicht darin zu versinken oder daran zu zerbrechen, sondern die Situation anzunehmen und den Lebensweg weiterzugehen. Sein künstlerisches Schaffen ist der Beleg, wie das auferlegte und respektierte Leid als schöpferische Kraft genutzt werden kann. Auf diese Weise zeigt er Möglichkeiten auf, „daß das Leid und die Last, die der Mensch mitschleppt, zu einer Befreiung führen kann, wenn er sich auf das Wesentliche besinnt. So wird in diesen Bildern auf kraftvolle Art und Weise der faszinierend zu betrachtende Versuch unternommen, die Grenze zu überschreiten und das Diesseits mit dem Jenseits zu verknüpfen."[18]

Im Besitz der Graphiksammlung „Mensch und Tod" befindet sich eine große Auswahl der Werke Seitz'. Nach einem ersten Erwerb mehrerer Graphiken 1983 direkt vom Künstler kam es zur Beteiligung Seitz' an einer Ausstellung 1984 in Frankfurt a. M.[19] Im Jahr 1996 schenkte der Künstler der Sammlung mehrere Blätter. 2007 kam es zur Schenkung mehrerer Graphiken durch Klara Seitz aus dem Nachlass des ein Jahr zuvor verstorbenen Künstlers. 2013 gelangte schließlich, erneut durch Schenkung der Witwe, ein größeres Konvolut von ca. 80 graphischen Arbeiten in die Sammlung, die damit nun einen repräsentativen Überblick über die künstlerische Entwicklung des Künstlers ermöglicht. Das Werk fügt sich thematisch in die Sammlung ein, die – insbesondere durch Werke zeitgenössischer Künstler/innen – stetig erweitert wird, und stellt eine wichtige Position der Totentanzgraphik des 20. Jahrhunderts dar,[20] die sich zudem durch regionale Verbundenheit auszeichnet.

1 Josef Ferdinand Seitz, Über meine Bilder, Düren, im März 1975, in: *Josef Ferdinand Seitz: Bilder – Zeichnungen – Objekte*, hrsg. vom Leopold-Hoesch-Museum Düren, Ausst. Kat. Düren 1975, Düren 1975 (ohne Paginierung).

2 Zur Biographie vgl.: Eva Schuster, *Mensch und Tod, Graphiksammlung der Universität Düsseldorf*, Düsseldorf 1989, Kat. Nr. 1017–1023, S. 348–350; Eva Schuster und Mikinosuke Tanabe, *Totentanz – vom Spätmittelalter bis zur Gegenwart*, Ausst. Kat. Tokyo 2000/Ulm 2001, Ulm 2001, S. 278.

3 Dorothea Eimert u. a., *Dein Reich komme: Sehnsüchte, Hoffnungen, Variationen zur Sinnfrage*, Ausst. Kat. Düren 1968, München, Zürich 1986, hier S. 70.

4 Axel Hinrich Murken, Der Körper als Metapher des menschlichen Daseins: Zum künstlerischen Werk von Josef Ferdinand Seitz, in: *Die Jahreszeit des Menschen: Malerei - Lyrik – Musik: Josef Ferdinand Seitz, Michael Lentz und Horst Schiffbauer*, Ausst. Kat. Düren 1989, Düren 1989, S. 12–14, hier S. 12. Erneut abgedruckt: Hinrich Murken, Der Körper als Metapher des menschlichen Seins: Zum künstlerischen Werk Josef Ferdinand Seitz', in: *Medizin+Kunst: Das Kunstmagazin für den Arzt in Praxis und Klinik*, 3. Jg. (Juni/Juli 1991), S. 15–18.

5 Vgl. Dorothea Eimert, *Josef Ferdinand Seitz: Bilder*, Ausst. Kat. Düren 1982, Düren 1982, besonders S. 32–41.

6 Vgl. Schuster, Tanabe 2001, Kat. Nr. 109, S. 253.

7 Eimert 1986, S. 70.

8 Joachim Geil, Zwischen Aufbruch und Fall: Die Körpervisionen des Josef Ferdinand Seitz, in: *Josef Ferdinand Seitz: Zeichnung – Malerei – Übermalung*, hrsg. vom Leopold-Hoesch-Museum Düren, Ausst. Kat. Düren 2002, Düren 2002, S. 7–11, hier S. 7.

9 Seitz 1975.

10 Seitz 1975; vgl. auch: Dorothea Eimert, Zwischen Wildheit und Innigkeit, in: *Josef Ferdinand Seitz: Zeichnung – Malerei – Übermalung*, hrsg. vom Leopold-Hoesch-Museum Düren, Ausst. Kat. Düren 2002, Düren 2002, S. 5.

11 Vgl. Murken 1989, S. 12. Der Begriff ‚Geworfenheit' stammt aus Heideggers *Sein und Zeit* (1927 erschienen). Zur Begrifflichkeit und Philosophie Heideggers vgl. Thomas Rentsch, „Sein und Zeit": Fundamentalontologie als Hermeneutik der Endlichkeit, in: Dieter Thomä (Hrsg.), *Heidegger-Handbuch: Leben – Werk – Wirkung*, Stuttgart, Weimar 2013, S. 48–74.

12 Geil 2002, S. 7.

13 Seitz 1975.

14 Vgl. Murken 1989, S. 13.

15 Seitz 1975.

16 Vgl. Eimert 1986, S. 4.

17 Vgl. hierzu Johannes Rauchenberger, Medialisierung des Unsichtbaren: Christlich inspirierte Bildlichkeit zwischen Körperlichkeit, Materialität und Virtualität in zeitgenössischen Bilddiskursen, in: Reinhard Hoeps (Hrsg.), *Handbuch der Bildtheologie Band III: Zwischen Zeichen und Präsenz*, Paderborn u. a. 2014, S. 568–604.

18 Murken 1989, S. 14.

19 Vgl. Hans Schadewaldt, *Frankfurter Feste '84 - Sonderdruck zur Ausstellung „Mensch und Tod"*, Ausst. Kat. Frankfurt a. M. 1984, Frankfurt a. M. 1984.

20 Vgl. Eva Schuster, Der Totentanz in der zeitgenössischen Graphik, in: *Totentanz-Forschungen: 9. Internationaler Totentanz-Kongress*, 17.–20. September 1998, Düsseldorf 1998, S. 101–106.

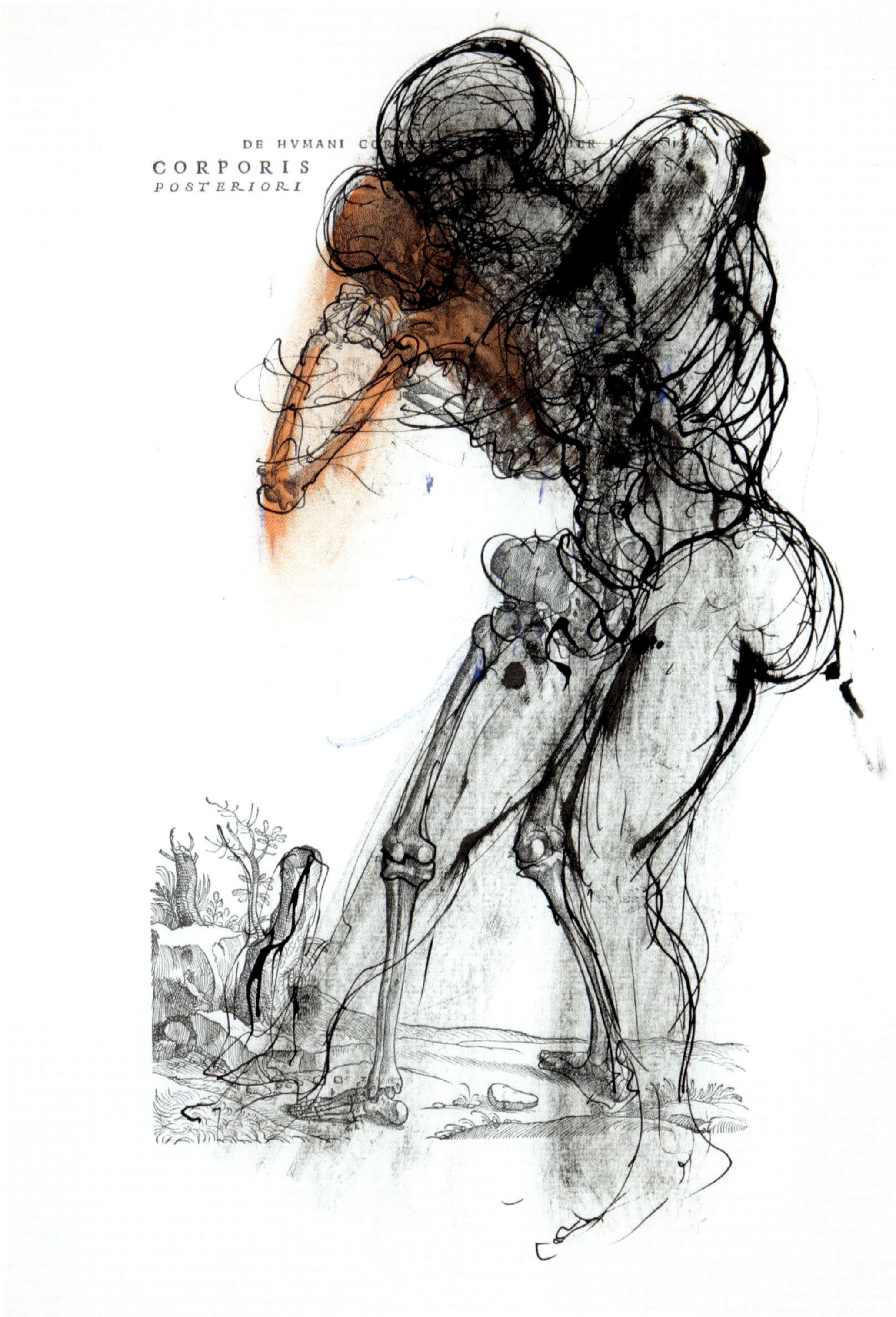

Abb. 5: Josef Ferdinand Seitz, „ohne Titel", Blatt 3 von 6 Übermalungen von Andreas Vesalius' *De humani corporis fabrica libri septem* (erschienen 1543), Mischtechnik, 1987, Inv. Nr. F 1890.

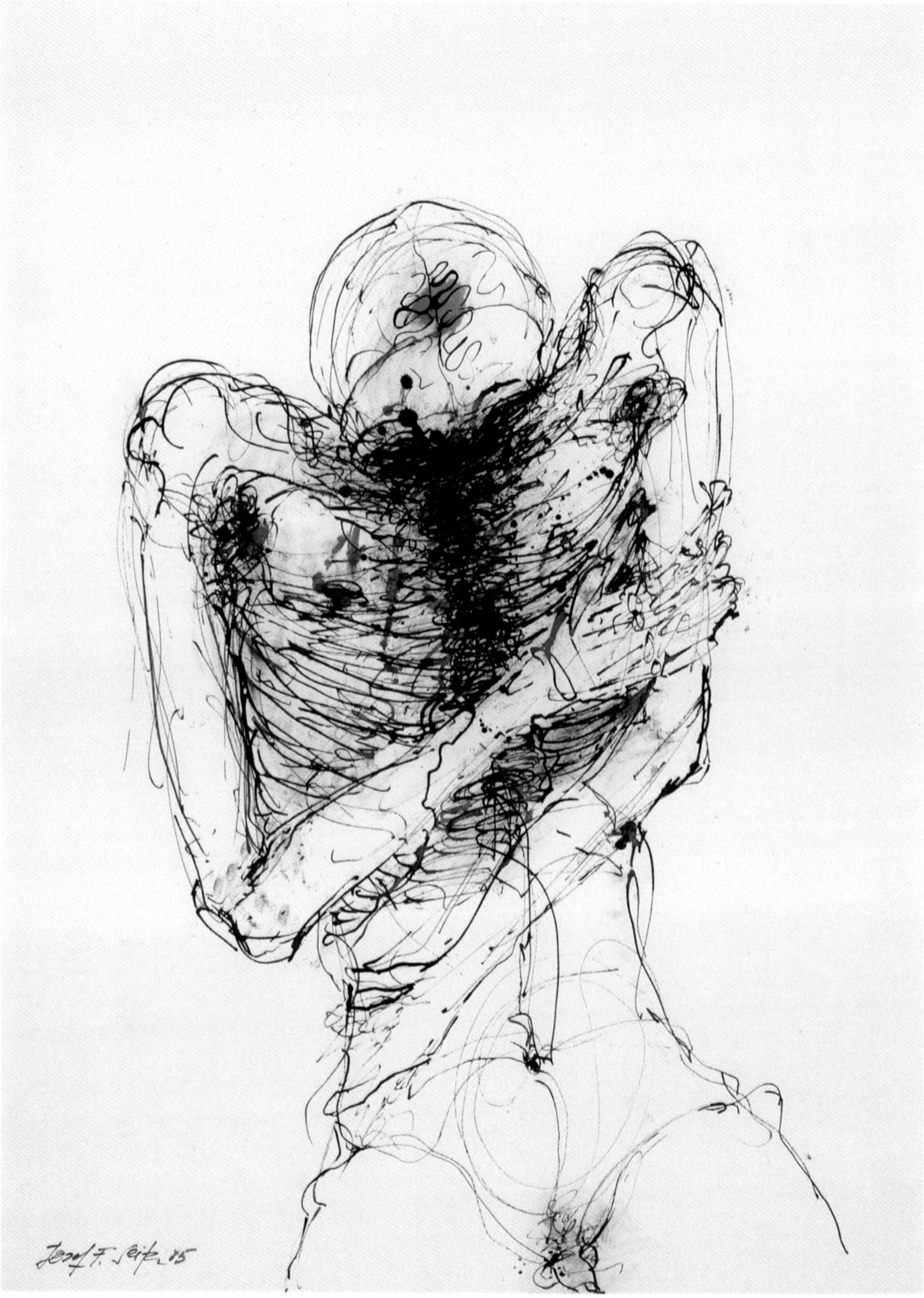

Abb. 6: Josef Ferdinand Seitz, „ohne Titel", Blatt 5 von 5 der Folge *Metamorphose des Fleisches,* Tuschezeichnung, 1985, Inv. Nr. F 1912.

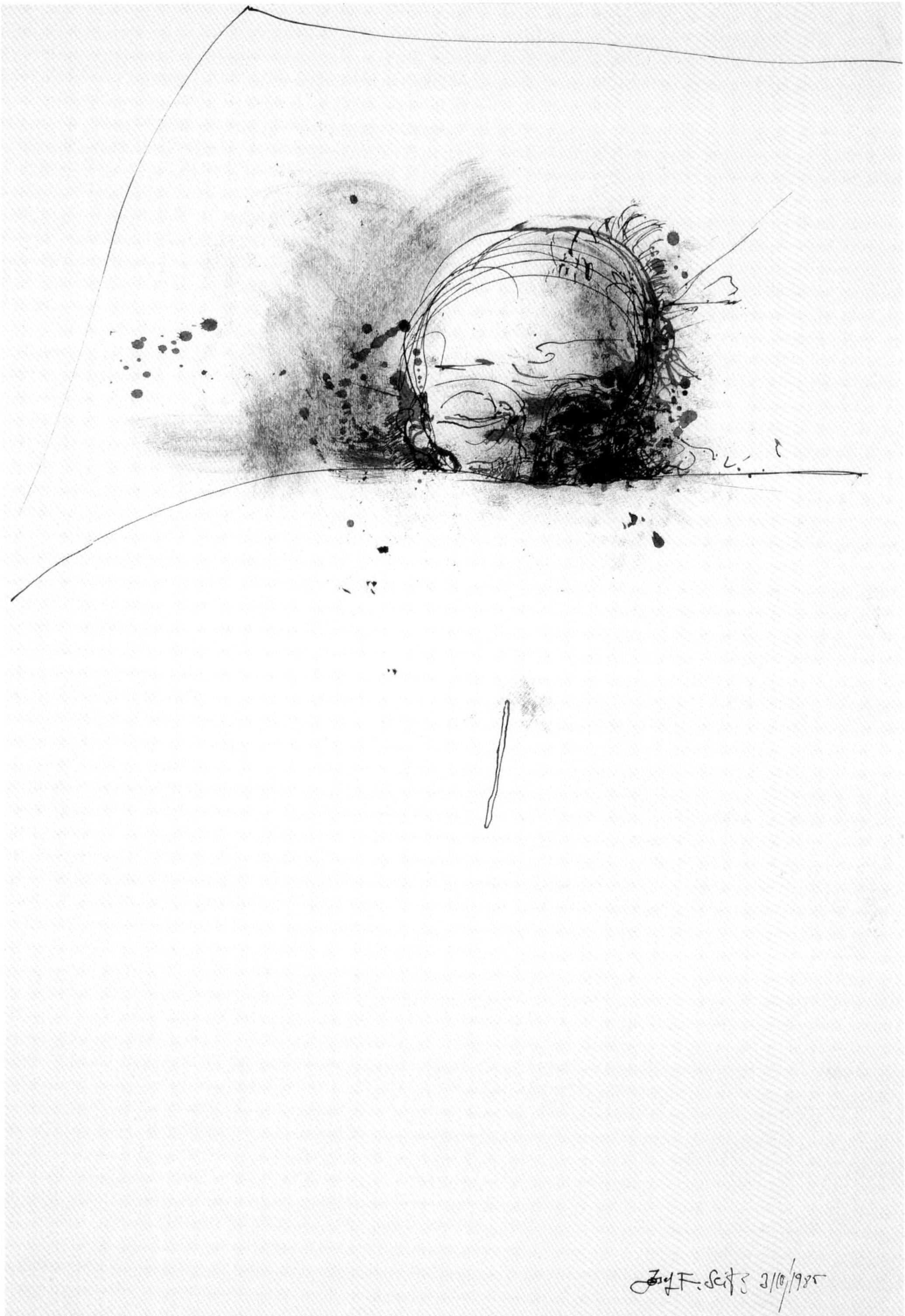

Abb. 7: Josef Ferdinand Seitz, „ohne Titel", Blatt 1 von 10 der Folge *Krankheit und Tod*, Tuschezeichnung, 1985, Inv. Nr. F 1913.

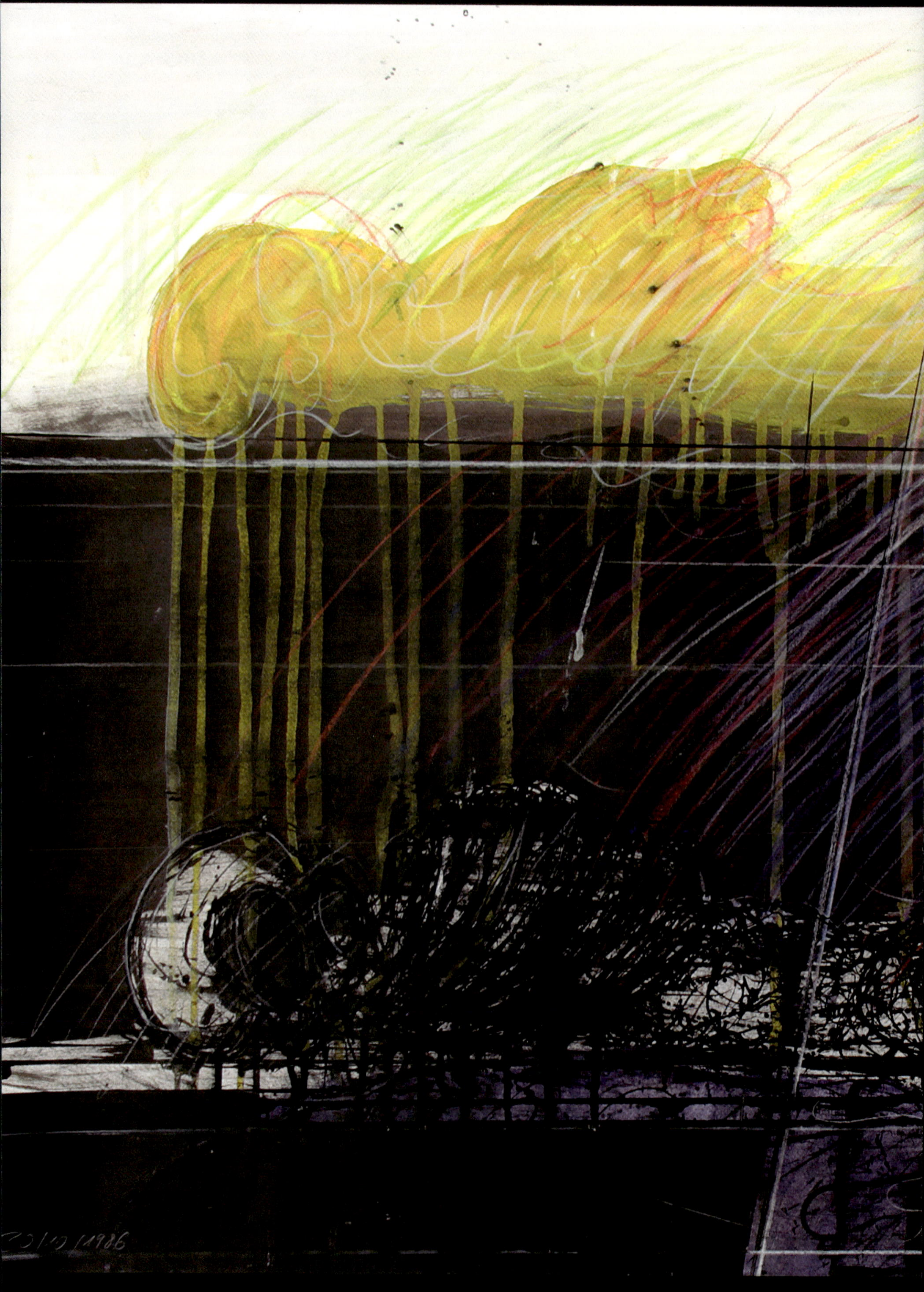

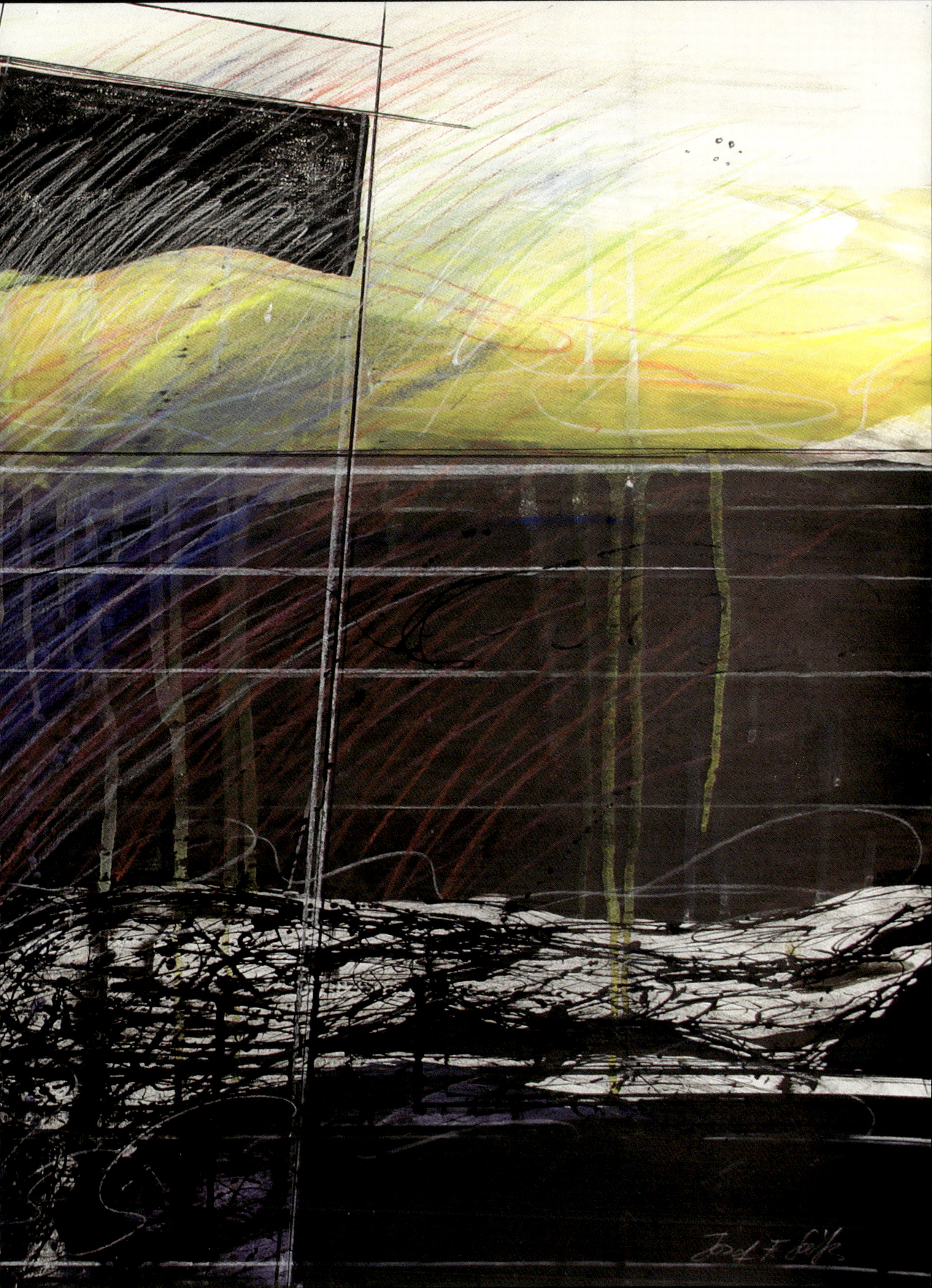

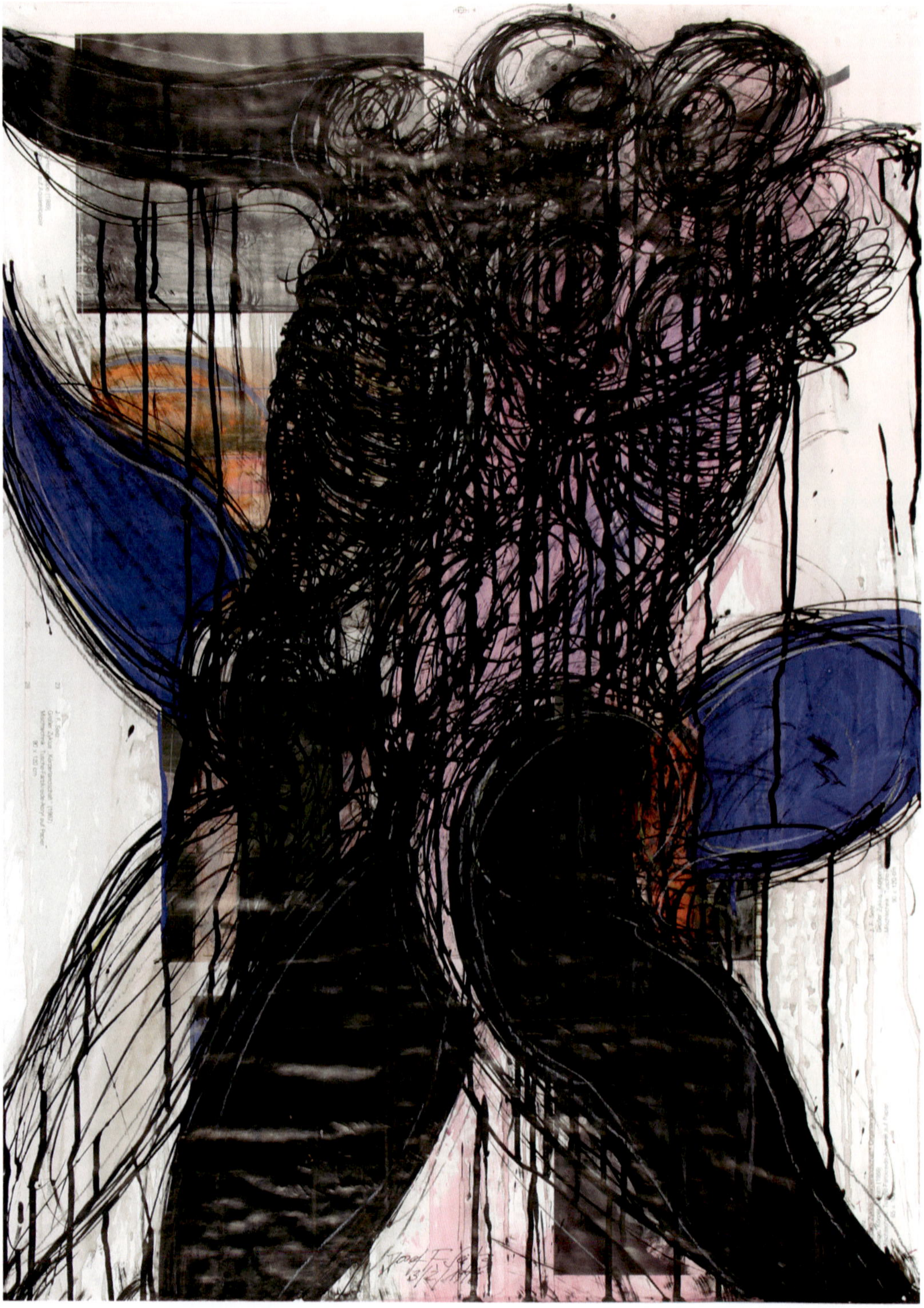

Abb. 8: (vorherige Doppelseite) Josef Ferdinand Seitz, *Auferstehung*, Mischtechnik, 1986, Inv. Nr. E 1332.

Abb. 9: Josef Ferdinand Seitz, *Paar*, Blatt 1 von 2 Übermalungen von Druckseiten eines Ausstellungskatalogs, Mischtechnik, 1996, Inv. Nr. F 1906.

Walter Dohmen

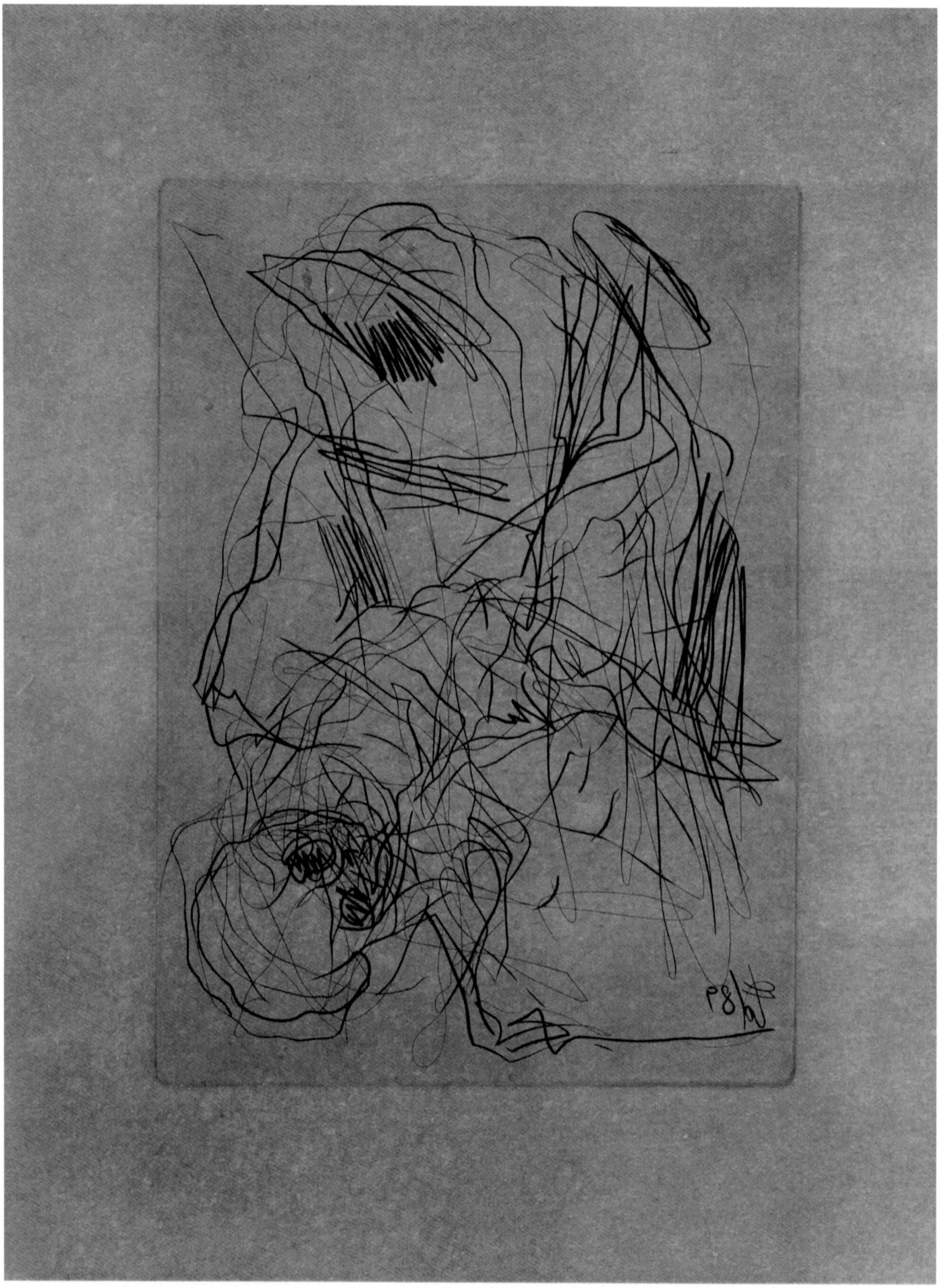

Abb. 1: Walter Dohmen, „Tod II", aus der Folge *Tod*, Kupferstich, 1991, Inv. Nr. F 0235.

Walter Dohmen, *Tod*, 1987–1992

Michael Overdick

Was als erstes auffällt, ist das Papier (Abb. 1). Es ist ein grobfaseriges, schmutzig-graues, gleichsam verwaschen wirkendes Papier. Seine Materialität legt sich wie ein dunkler Schleier über das nervöse Linienspiel der Todesdarstellungen. Dieses sehr spezielle Papier ist das Resultat mehrfachen Recyclings. Ein erneuter Recyclingvorgang wäre nicht möglich, da sich die Fasern beim Papierschöpfen nicht mehr verbinden würden. Papiermacher sprechen vom ‚toten Papier'[1]. Es erscheint somit bestens geeignet, einer dem Tod gewidmeten Graphikfolge ein weiteres, sehr konkretes Memento mori hinzuzufügen.

Die 1987–92 entstandene Mappe *Tod* umfasst insgesamt zwölf Blätter. Dass es sich um Kupferstiche handelt, ist nicht auf dem ersten Blick ersichtlich, fehlt doch die für diese Technik sonst übliche Starrheit der Linie. Der temperamentvolle, skizzenhafte Duktus, der den dargestellten Gegenstand mehr umspielt als beschreibt, lässt eher an Radierungen denken. Umso mehr ist Dohmens Fähigkeit hervorzuheben, die Unmittelbarkeit der Zeichnung mit dem Grabstichel in die Kupferplatte zu übertragen.

Das Thema der Mappe ist typisch für den Künstler. Immer wieder sucht Dohmen in seinem Schaffen die Fragilität der menschlichen Existenz zu ergründen. Leben und Tod sind für ihn dabei untrennbar miteinander verbunden. Dies zeigt schon die frühe, 1974 entstandene Mappe *Anatomie* (Abb. 2).[2] Die in ihr versammelten Blätter entstanden nach Röntgenbildern. Dohmen drang somit ins Innere des Menschen vor, bis zu seinem Skelett, das objektiv betrachtet schlicht und einfach das stützende Grundgerüst des Körpers bildet, im allgemeinen Verständnis aber ebenso als Sinnbild des Todes oder als dessen Personifikation fungiert.

Das menschliche Skelett bleibt fortan ein wichtiges, immer wiederkehrendes Motiv in Dohmens Schaffen. Mitunter greift der Künstler dabei auf Anregungen aus der traditionellen Vanitas- und Memento-mori-Ikonographie zurück. Ein jüngeres Beispiel hierfür bietet die 2011 entstandene lithographische Folge *Der tanzende Tod in Eichstätt* (Abb. 3 a/b).[3] Sie bezieht sich auf die spätmittelalterlichen Totentanzzyklen, in denen die Vertreter der einzelnen Stände von einer Todespersonifikation zum Tanz aufgefordert werden. Bei Dohmen sind die Ständevertreter reale Eichstätter Persönlichkeiten wie der Bischof oder

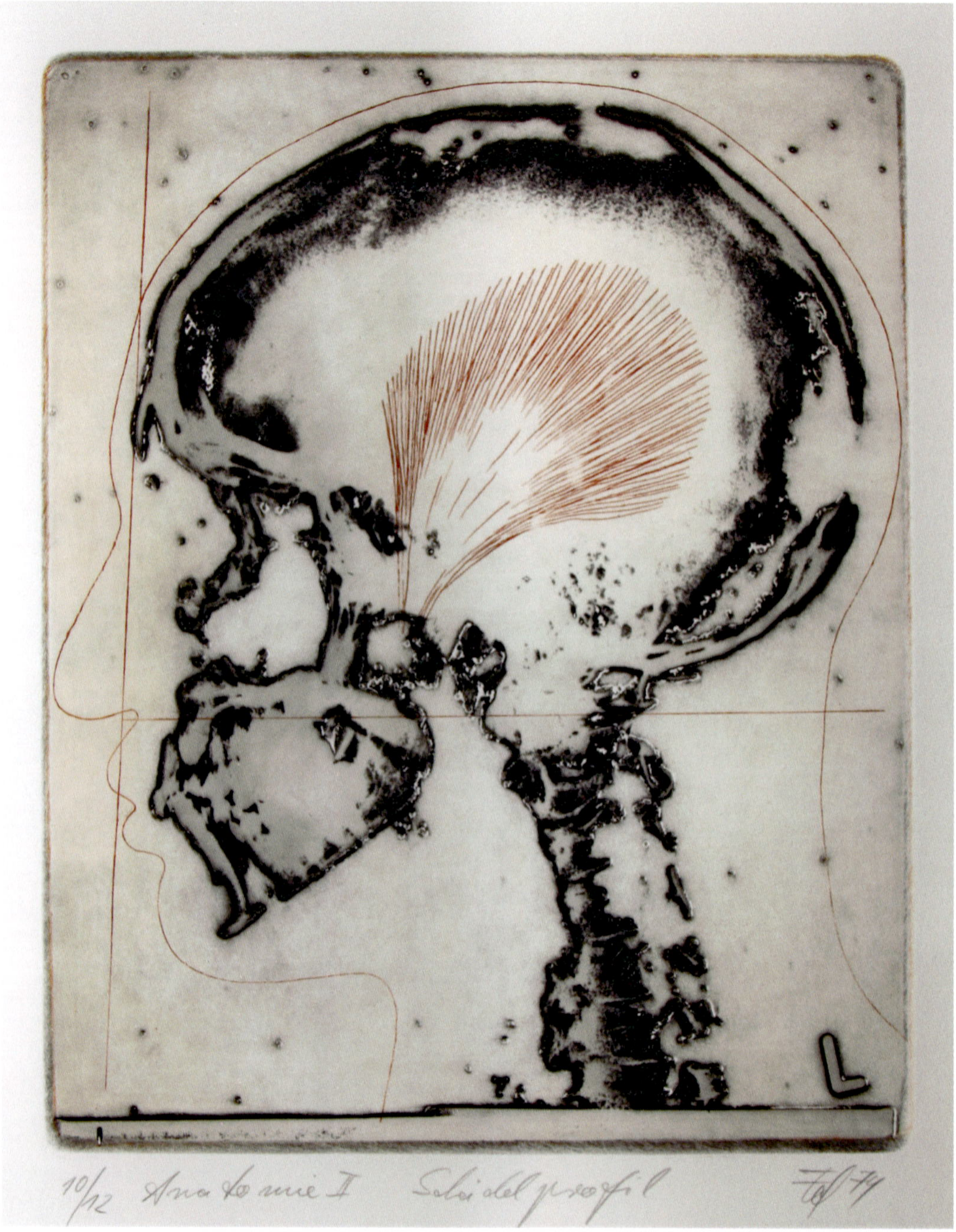

Abb. 2: Walter Dohmen, „Anatomie II Schädelprofil", aus der Folge *Anatomie*, farbige Prägeradierung, 1974, Inv. Nr. F 0225.

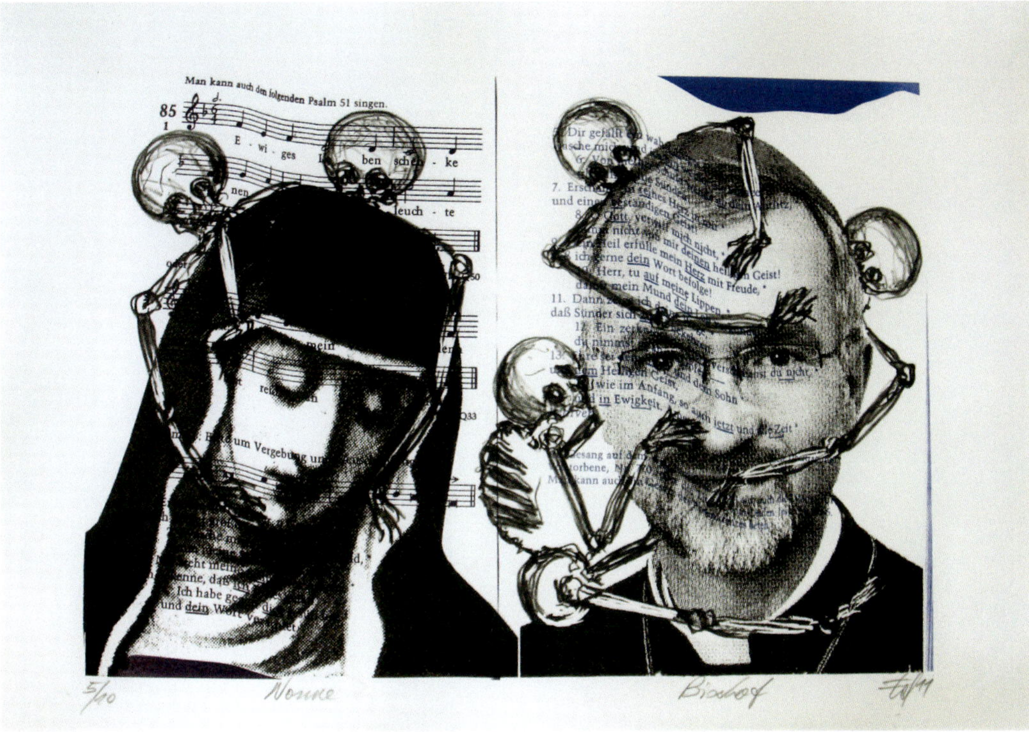

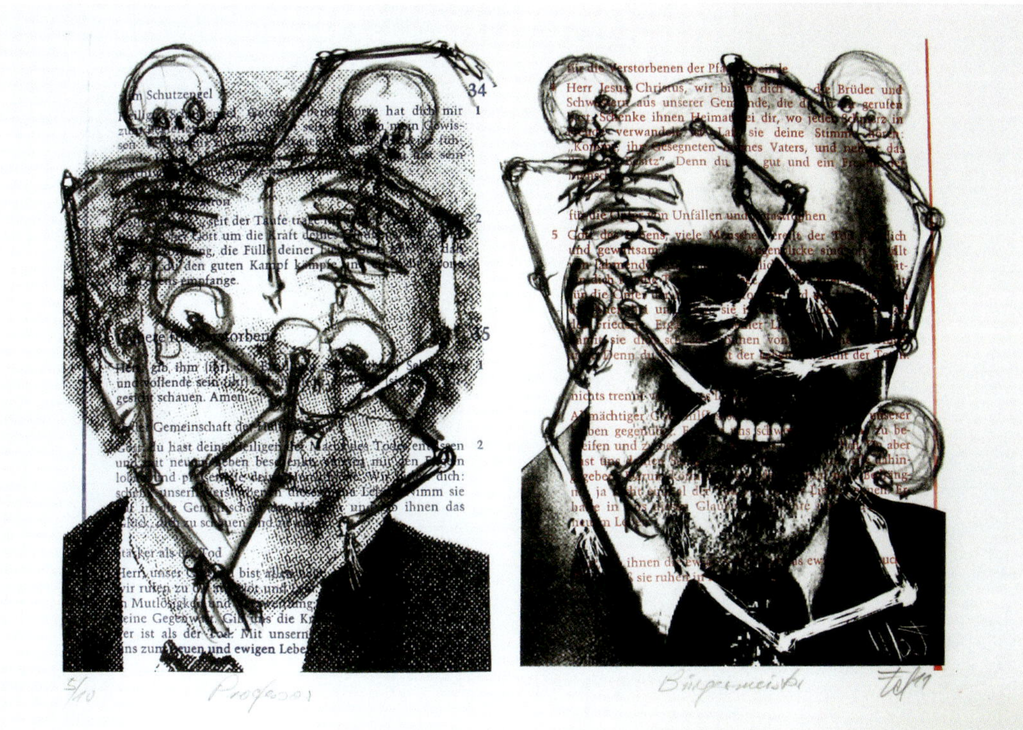

Abb. 3a: Walter Dohmen, „Nonne/Bischof“, aus der Folge *Der tanzende Tod in Eichstätt*, Lithographie, 2011.

Abb. 3b: Walter Dohmen, „Professor/Bürgermeister“, aus der Folge *Der tanzende Tod in Eichstätt*, Lithographie, 2011.

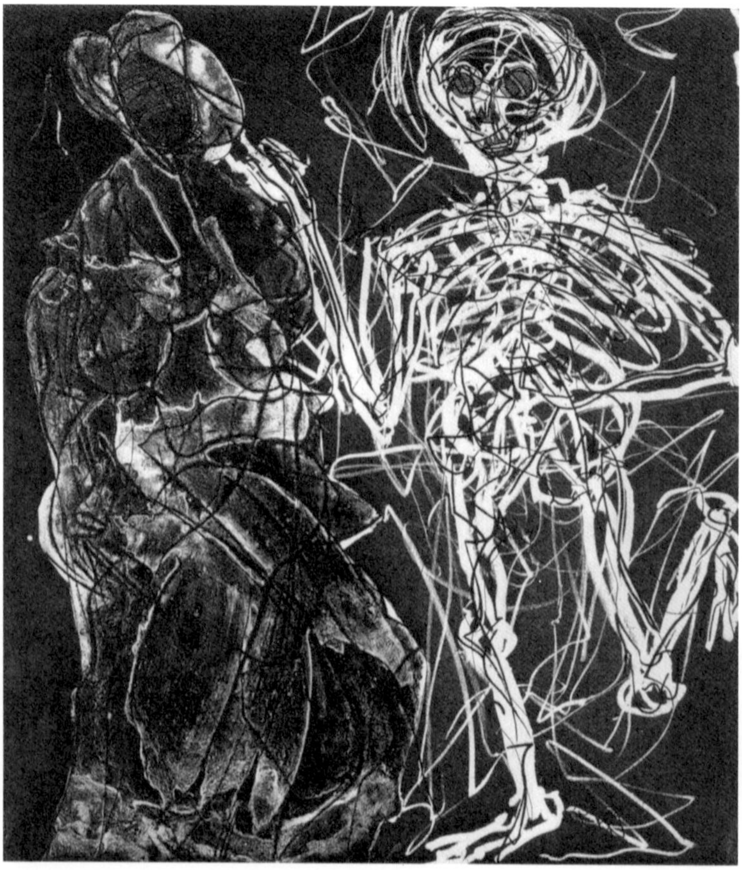

Abb. 4: Walter Dohmen, *Der Tod und das Mädchen*, Kupferstich, Resistente Tusche, Aquatinta, 1990, Inv. Nr. E 0969.

der Oberbürgermeister. Deren Kopfporträts, die durchweg auf vorgefundenen Fotografien basieren, fügte der Künstler frech umhertanzende Skelette hinzu; darüber legte er Text- und Notenfragmente von Liedern, die im Rahmen der Totenliturgie Verwendung finden.

Auf entsprechende Darstellungen des 16. Jahrhunderts rekurriert das Blatt *Der Tod und das Mädchen*, das Dohmen 1990 in mehreren Varianten und in verschiedenen Drucktechniken ausführte (Abb. 4).[4] Die erotische Komponente der Vorbilder aber hat Dohmen bewusst zurückgenommen. Seine Darstellung bezieht ihre Wirkung vor allem aus dem Gegensatz zwischen dem zerklüfteten Knochengerippe des Todes und den fülligen Rundungen der Mädchenfigur.

Für die Mappe *Tod* hat Dohmen das Motiv ‚Tod und Mädchen' ebenfalls umgesetzt (Abb. 5). Im Vergleich zu dem nahezu zeitgleich entstandenen Einzelblatt fällt auf, dass es in dieser Variante nicht das Mädchen ist, das vom heraneilenden Tod angegangen wird. Vielmehr scheint der Tod vor der Zudringlichkeit des Mädchens zurückzuweichen; es hat also eine Umkehrung der Rollen stattgefunden.

Insgesamt betrachtet spielt der Rückgriff auf traditionelle Bildmotive für die Blätter der Mappe *Tod* keine große Rolle. Neben dem Tod-und-Mädchen-Blatt verrät eigentlich nur noch der Tod mit dem überdimensionierten Stundenglas ein offenkundiges Anknüpfen an

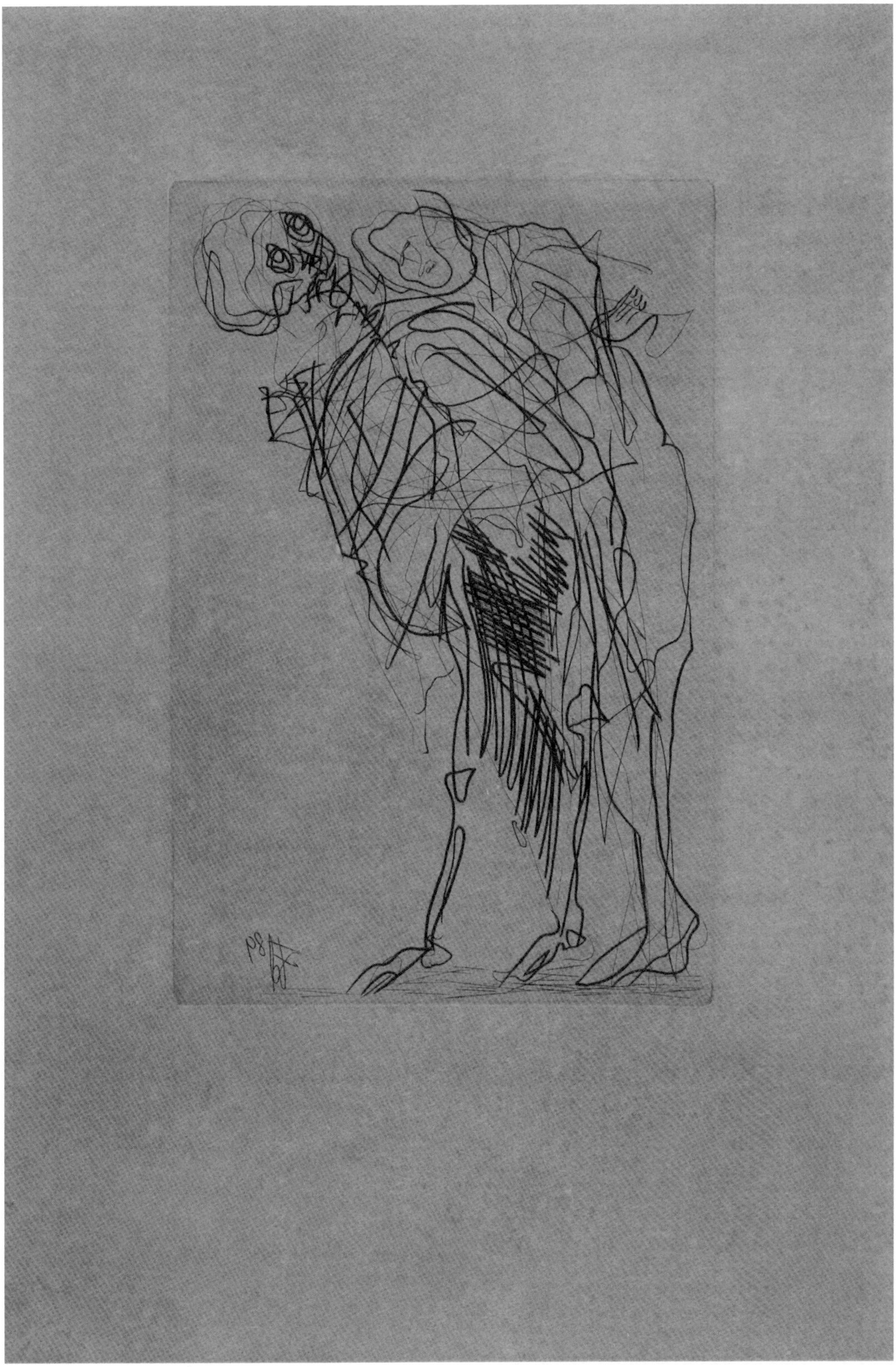

Abb. 5: Walter Dohmen, „Tod VIII“, aus der Folge *Tod*, Kupferstich, 1991, Inv. Nr. F 0241.

frühneuzeitliche Vanitas-Darstellungen (Abb. 6). Doch auch in diesem Fall geht Dohmen recht unorthodox mit seinen Vorbildern um. Die Präsentation des Stundenglases richtet sich nämlich nicht – wie eigentlich zu erwarten – in appellativer Weise an den Betrachter. Vielmehr starrt der Knochenmann selbst wie paralysiert auf das Instrument, ganz so, als könne er es nicht fassen, dass der Sand schon bald vollständig in den unteren Kolben gerieselt sein wird.

Auch die anderen Darstellungen der Mappe vermeiden die direkte Ansprache des Betrachters. Stets sind die Skelette mit sich selbst oder einer anderen Person beschäftigt (Abb. 7). Es sind genrehaft aufgefasste Momentaufnahmen, intime Szenen, die geprägt sind vom Ausdruck bleiernder Melancholie. Von den Skeletten geht keinerlei Schrecken aus. Sie wirken menschlich und verletzlich, mitunter sogar verloren, den Widrigkeiten des Seins ausgeliefert.

Als Todespersonifikationen mag man die Skelette kaum ansprechen. Auch die Interpretation als Verstorbene erscheint nicht zutreffend. Vielmehr wirken die Skelette wie Lebende, denen die Vergänglichkeit als unabdingbare Eigenheit der menschlichen Existenz sichtbar eingeschriebenen ist. Und damit wäre ein Gedanke aufgegriffen, der zurück führt zu den an Röntgenbildern orientierten Darstellungen der Mappe *Anatomie*.

1 Hannelore Fischer, Bei Walter Dohmen im Atelier, in: *Engel. Walter Dohmen*, hrsg. vom Erzbistum Köln und der Künstler Union Köln, Köln 1999, S. 11.

2 Dagmar Preising, *Walter Dohmen. Entgrenzungen*, Aachen 1996, S. 7, Nr. 1–8.

3 Josef Bartenschlager, Der Sensenmann bittet zum Reigen, in: *Donaukurier* vom 05.06.2011, http://www.donaukurier.de/lokales/eichstaett/Eichstaett-Der-Sensenmann-bittet-zum-Reigen;art575,2425751#plx1885795683 (letzter Zugriff: 05.08.2015).

4 Preising 1996, S. 9, Nr. 15; *Walter Dohmen. Malerei, Zeichnung, Druckgraphik*, hrsg. vom Museum in der Alten Post Mühlheim an der Ruhr, Käthe Kollwitz Museum Köln und Leopold-Hoesch-Museum Düren, 1997, Nr. 52. Zur Herkunft dieses Motivs siehe: Stefanie Knöll, Zur Entstehung des Motivs ‚Der Tod und das Mädchen', in: *Zum Sterben schön! Alter, Totentanz und Sterbekunst von 1500 bis heute*, hrsg. von Andrea von Hülsen-Esch und Hiltrud Westermann-Angerhausen in Zusammenarbeit mit Stefanie Knöll, Regensburg 2006, S. 65–72.

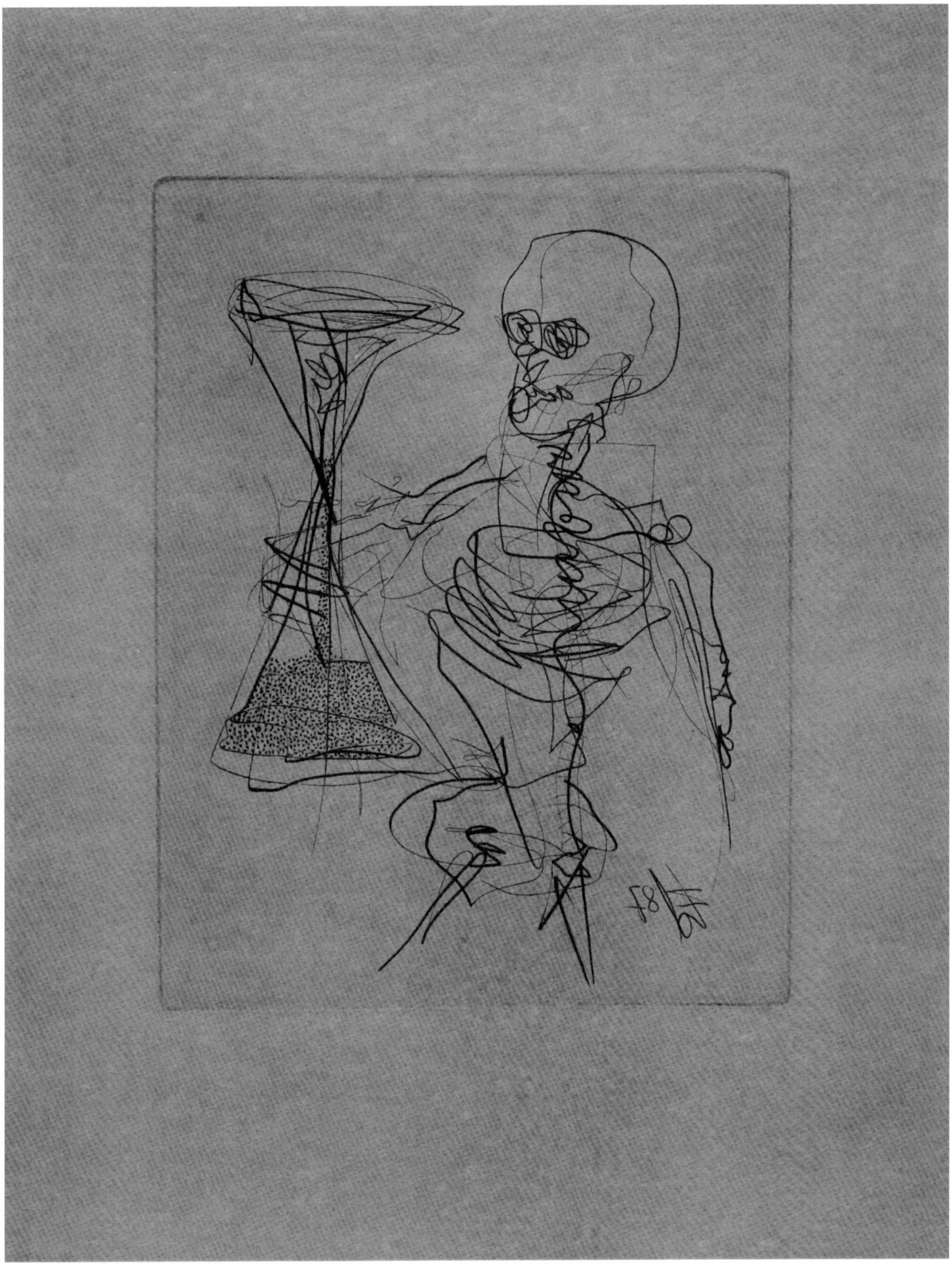

Abb. 6: Walter Dohmen, „Tod VIX“, aus der Folge *Tod*, Kupferstich, 1991, Inv. Nr. F 0242.

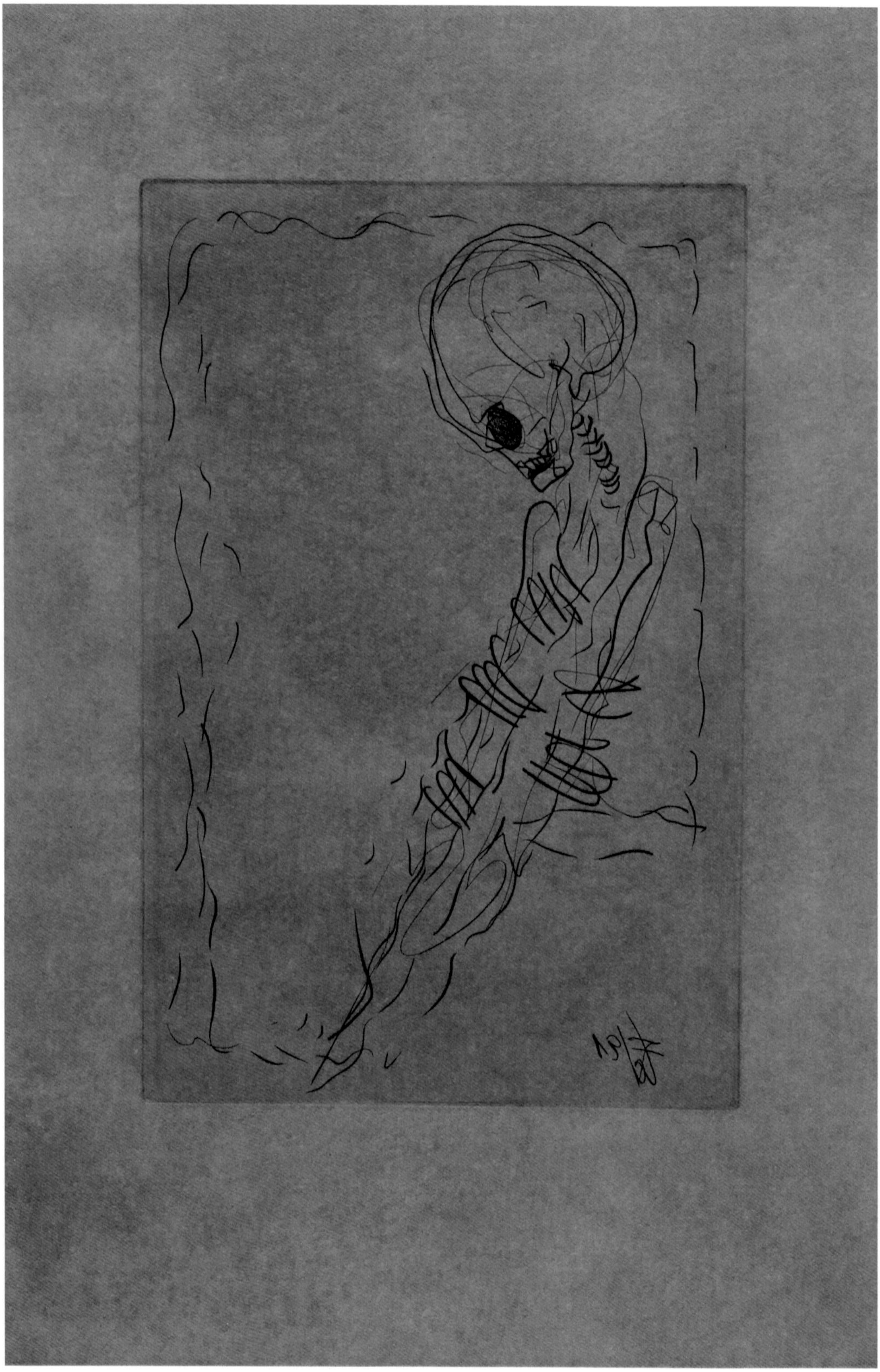

Abb. 7: Walter Dohmen, „Tod VII“, aus der Folge *Tod*, Kupferstich, 1991, Inv. Nr. F 0240.

Peter Paul Jacob Hodiamont

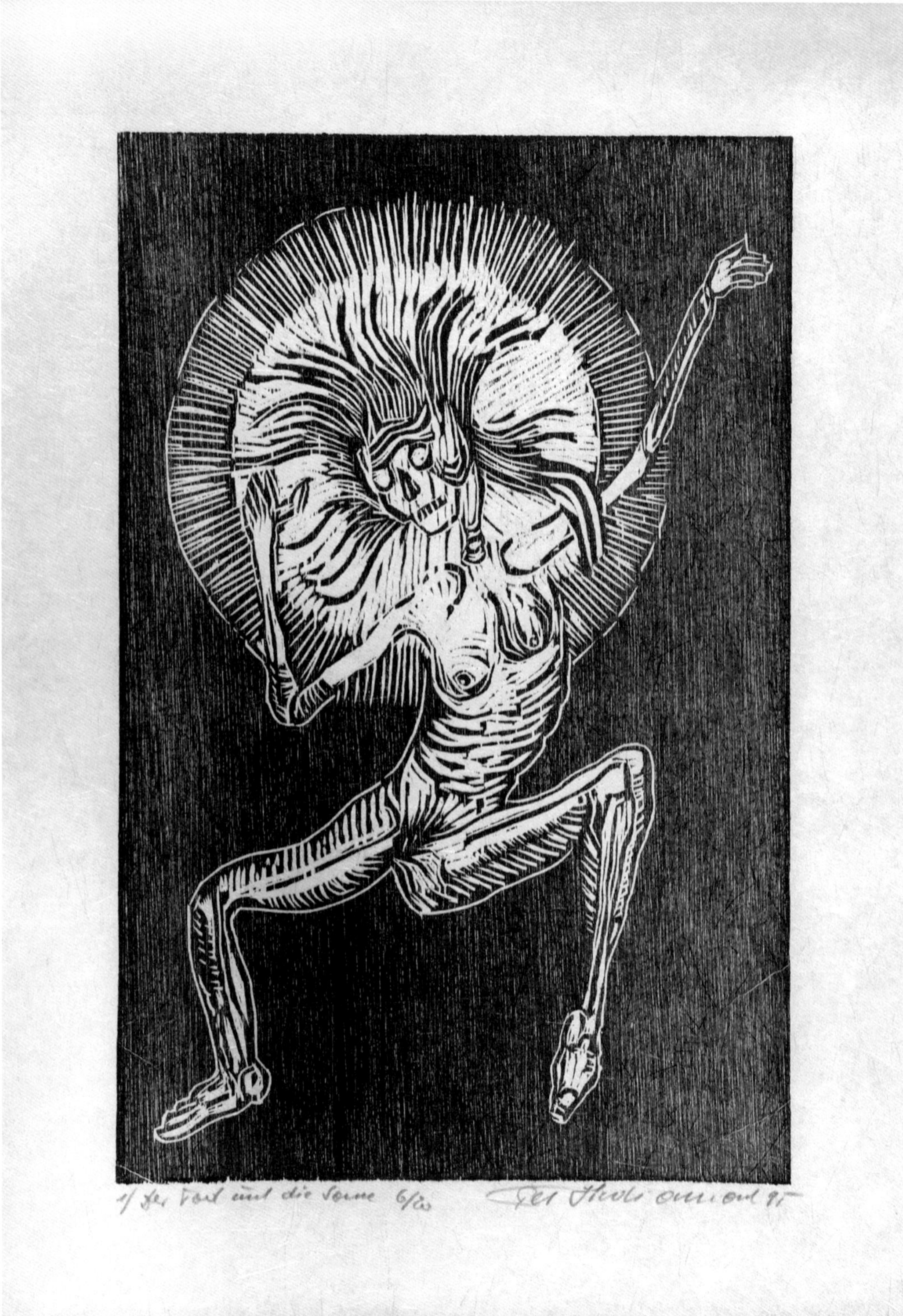

Abb. 1: Peter Paul Jacob Hodiamont, „1/ Der Tod und die Sonne", aus der Folge *Vom Leben und vom Tod*, Holzschnitt, 1995, Inv. Nr. F 1835.

Peter Paul Jacob Hodiamont, *Vom Leben und vom Tod*, 1995

Julia Engels

Peter Paul Jacob Hodiamont (1925 Aachen–2004 Baelen) wurde als Sohn einer deutschen Mutter und eines niederländischen Vaters geboren. In seiner Jugend besuchte er die Klosterschule der Oblaten-Missionare, bevor er 1944/1945 für einen Einsatz in den Zweiten Weltkrieg eingezogen wurde. Ein Jahr später machte er sein Abitur und begann sein Studium an der Kunstakademie in Düsseldorf, wo er unter anderem Otto Pankok und Heinrich Kamps zu seinen Lehrern zählen durfte. Während seiner Lehrtätigkeit von 1969 bis 1982 als Kunsterzieher am Mädchengymnasium St. Ursula in seiner Geburtsstadt bestand er 1977 sein theologisches Studium in Köln mit Abschlussexamen. Seit seinem Tod, der ihn im Jahre 2004 in seinem Atelier „Haus der Sonne" im belgischen Baelen ereilte, führt seine Frau Maria Delhey-Hodiamont die Stiftung des Künstlers in seinem Namen fort.[1]

Im Jahre 1995 schuf Hodiamont den Totentanz-Zyklus *Vom Leben und vom Tod* in einer Auflage von 20 Drucken. Der Totentanz besteht aus 19 auf Reispapier gedruckten Holzschnitten (Bildmaß 450 x 300 mm), die jeweils betitelt, numeriert, signiert und datiert sind. Die Motive dieses Zyklus scheinen neben christlich-religiösen Thematiken auch die Kriegserlebnisse des Künstlers aus dem Zweiten Weltkrieg widerzuspiegeln. Es werden auch alltägliche Themen wie Hunger und Leid, Armut und Reichtum behandelt.

Die Besonderheit dieses Zyklus zeigt sich unter anderem darin, dass die Motive, die in Holzschnitten in der Regel in schwarzen Linien wiedergeben werden, hier in einem Weißlinienschnitt zu betrachten sind. Die hellen Motive entwickeln durch den dunklen Hintergrund einen intensiven Kontrast, der zusätzlich durch die feine Struktur des hellen strukturierten Reispapiers unterstützt wird. Der Journalist, Schriftsteller und Literaturpreisträger Freddy Derwahl (geboren 1946 in Eupen, Belgien) verfasste begleitende Texte zu den 19 Holzschnitten.

Der Zyklus beginnt mit dem Blatt „Der Tod und die Sonne" (Abb. 1). Auf diesem hochformatigen Holzschnitt nimmt der Tod in weiblicher Gestalt das gesamte Blatt ein. Die Beine und Arme sind dynamisch ausgestreckt, wodurch die ‚Tödin' zu tanzen scheint. Ihr entblößter Körper, der durch seine ausgemergelte Haut tiefe Falten birgt, wird bekrönt durch den Kopf, der zur linken unteren Bildhälfte blickt und mit seinen Haaren in einen Kreis zu verschmelzen scheint, der wiederum das Haupt der ,Tödin' umrahmt und das Zentrum der oberen Bildhälfte bildet.

Der strahlende Zirkel breitet sich, einem Kreis-Nimbus entsprechend, hinter dem Oberkörper des Todes aus. Der Nimbus, der sonst das Haupt Jesu und anderer Heiliger umgibt, hat seine Tradition in der heidnischen Kunst, wo er den Kopf des Sonnengottes Sol umrundet.[2] Die Sonne, die Quelle des Lichts, wird in vielen Werken Hodiamonts als Motiv verwendet, wie auch auf diesem Blatt.[3]

Freddy Derwahl schreibt zu diesem Blatt:

> *Muss der Tod die Sonne fürchten? Über den wichtigsten Sterbefall der Weltgeschichte berichtet der medizinisch vorgebildete Lukas, zwischen der sechsten und neunten Stunde sei „eine große Finsternis" über das ganze Land gekommen, „weil die Sonne ihren Schein verlor". Matthäus schreibt, daß sich „Gräber öffneten" und die Leiber „entschlafener Heiliger" auferweckt wurden. Bei Markus heißt es, der Gekreuzigte habe „mit lauter Stimme" gerufen: „Mein Gott, mein Gott, warum hast du mich verlassen?" Einige glaubten, er appelliere an Elijas, dem sich Jahwe auf dem Horeb „im leisen Säuseln" offenbarte. Auf dem Verklärungsberg hatten seine Gewänder „leuchtend weiß" gestrahlt, bevor „eine große Wolke kam" und alles „überschattete". Hell und dunkel, laut und leise, blutig rot und leuchtend weiß: was ist das für ein Tod unter der erloschenen Sonne? Was geht vor an diesem finsteren Karfreitag? Aber die Frauen kommen „sehr früh am ersten Wochentag" zum Grab. Markus fügt hinzu: „... als eben die Sonne aufging".*

Da Hodiamont, resultierend aus der Erziehung seines Elternhauses und der Klosterschule, ein sehr gläubiger Mensch war, setzte er sich auch in seinen Werken häufig mit der Bibel und seinem Glauben auseinander. Deshalb ist das Licht, bzw. die Sonne hier nicht nur als leuchtender Himmelskörper zu verstehen, sondern soll Jesus Christus und Gott in seinen Werken bedeutungsvoll symbolisieren:

> *Oft dachte ich vor der Staffelei oder in Krankenhäusern, das Ende ist nah. Dann machte ich einen Handel mit meinem Schöpfer: „Bei aller Schuld und den vielen Verfehlungen meines Lebens wirst Du mich zu Dir lassen, wegen meiner ständigen Beschäftigung mit Dir. Und vergiss nicht die zahlreichen Sonnenblumen und Sonnen, die ich als Dein Abbild malte".*

Im Gegensatz zu Blatt Nr. 1 hat der Tod auf Blatt Nr. 18, betitelt „Der Tod und Christus", keine primäre Machtposition. Dieses Blatt aus Hodiamonts Zyklus zeigt das christliche Motiv des gekreuzigten Jesus Christus, welches ein beliebtes und oft verwendetes Thema des Künstlers ist (Abb. 2). Zwar nimmt der Tod, der hier als Knochenskelett dargestellt wird, ungefähr zwei Drittel der unteren Bildhälfte ein, jedoch hat der Künstler hier durch die Erhöhung Jesu im Bild diesen präzise und bewusst über den Tod gestellt. Der gekreuzigte Jesus wird über den ebenfalls gekreuzigten Tod gesetzt, dessen Körper aus dem angedeuteten Gras zu entwachsen scheint und so die Basis des doppelten Kreuzes bildet. Das Skelett mag hier eine ähnliche Funktion erfüllen wie der in der traditionellen Ikonographie am Fuße des Kreuzes befindliche Schädel Adams. Er macht deutlich, dass Jesus hier für die Sünden der Menschheit stirbt, die mit Adams und Evas Sündenfall begonnen hatten (Römer 5,12).

Auf dem Holzschnitt ist weiter auch Jesu Seitenwunde zu erkennen, aus der sein Blut auf den Schädel des Skelettes tropft. Das Blut Jesu bildet ein wesentliches Element der Vergebung und der Reinwaschung menschlicher Sünder, die erst dadurch den Zutritt zu Gott und zum himmlischen Reich erfahren dürfen (Hebräer 10,19).

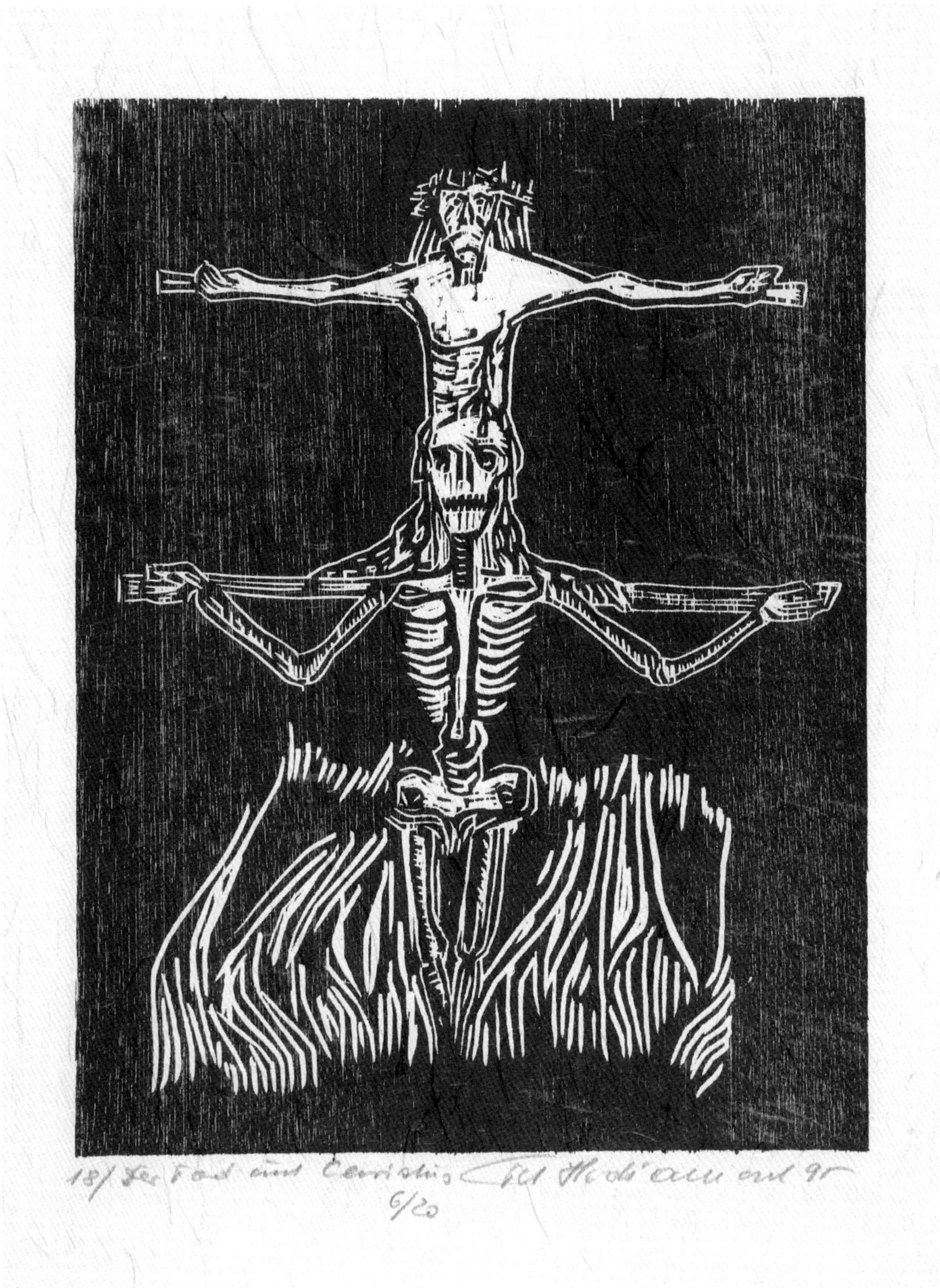

Abb. 2: Peter Paul Jacob Hodiamont, „18/ Der Tod und Christus", aus der Folge *Vom Leben und vom Tod*, Holzschnitt, 1995, Inv. Nr. F 1852.

Für Hodiamont ist „das Kreuz Jesu Christi ein Zeichen der Hoffnung und des Sieges"[5]. Der Künstler selbst erfuhr in seiner Vergangenheit viel Schmerz und Leid, bedingt u.a. durch seinen Kriegseinsatz und den Krebstod seiner Mutter. Da nicht nur die lebensspendende Sonne, sondern auch das Kreuz zu seinem Leben gehört, verwendete er es in vielen seiner Arbeiten.[6] Hodiamont erklärte selbst, dass „keine Arbeit geschah, ohne vorherige Abbitte und ohne das Danken für das Ereignis der Kunst"[7] an Gott.

Hodiamont stellt in seinem Zyklus auch noch eine andere Person über den Tod, die ihn in seiner Vergangenheit beeindruckt hat. Das Bild Nr. 12 zeigt eine Begegnung zwischen dem Tod und dem Arzt (Abb. 3). Der Arzt ist hier mit Arztkittel, Mundschutz und Haube dargestellt. Er legt dem heranschreitenden Skelett seine rechte Hand auf die Stirn, während er es prüfend anblickt. Der Arzt scheint in der rechten Hand ein Fieberthermometer zu halten.

Der Künstler verarbeitet in diesem Werk seine Erlebnisse mit dem Arzt, der seine krebskranke Mutter bis zu ihrem Tod behandelte und begleitete.[8] Trotz des unaufhaltsamen Todes der Mutter ist der Arzt für Hodiamont eine Person, die er respektiert und der er Dankbarkeit erweist. In den Augen des Künstlers tat der Arzt alles in seiner Macht stehende, um seine Mutter zu heilen. Freddy Derwahl schreibt zu diesem Holzschnitt, dass der Tod der krebskranken Mutter nicht aufzuhalten war, weshalb der Arzt den „Tod seiner krebskranken Mutter nicht mehr hinauszögert" und ihr einen friedvollen und „guten Tod" bescherte. Hodiamont scheint dem Arzt, trotz des großen Verlustes, doch dankbar gewesen zu sein.[9]

Auf dem Blatt Nr. 7 „Der Tod und der Kranke" zeigt der Künstler den Tod in einer traditionelleren Totentanz-Szene (Abb. 4). Der Tod ist hier als Knochenskelett zu erkennen, das einen bodenlangen Umhang über seinen Schultern trägt. Mit beiden Händen hält der Tod den linken Arm eines alten Mannes, der im Rollstuhl sitzt und sich gegen ihn zu wehren scheint. Offenbar möchte das Skelett den Mann aus seinem Rollstuhl ziehen. Dieser ist dem Tod gegenüber jedoch misstrauisch eingestellt, was der Betrachter deutlich an der Mimik und angespannten Körperhaltung des Kranken erkennen kann. Der Gehstock in seiner rechten Hand dient wohl als zusätzliche Stütze gegen den Tod.

Jedoch scheint auch der Tod in seinem Vorhaben entschlossen zu sein. Seine weiten Augenhöhlen fixieren den alten Mann und sein Mund ist zu einem lachenden und klaffenden dunklen Schlund geöffnet, der mit angedeuteten, zackenartigen Zähnen versetzt ist. Diese Darstellung des Skelettes wirkt wie ein blutsaugender Vampir, der dem Mann seine letzte Lebenskraft entziehen möchte.

Freddy Derwahl schreibt zu diesem Blatt einige kurze Zeilen, in denen er über einen unbekannten Rollstuhlfahrer berichtet, der nach dem Tod eines Freundes Hodiamonts vor dessen Sterbezimmer vorbei fuhr. Dabei sang er das Lied „What shall we do with the drunken sailor early in the morning?", welches das „nächtliche Kultlied" des Künstlers war. Dieses Ereignis schien Hodiamont sehr zu beeindrucken, weshalb er auch dieses Blatt gestaltete.

Die Gliederung des Totentanz-Zyklus wirkt in ihrer Gesamtheit folgerichtig. Der Künstler beginnt mit dem Motiv der Sonne, der Quelle des Lebens, welches für Hodiamont als ein Sinnbild des Göttlichen erscheint. Es schließen sich Motive aus unterschiedlichen Thematiken an, wie zum Beispiel Hunger, Krankheit, Krieg oder auch ganz alltäglichen Erlebnissen aus dem Leben des Künstlers.

Das dargestellte Personal dieses Zyklus steht in der Tradition der Totentänze. Jedoch setzt sich Hodiamont auch mit einigen ungewöhnlichen Motiven, die auf sein Leben

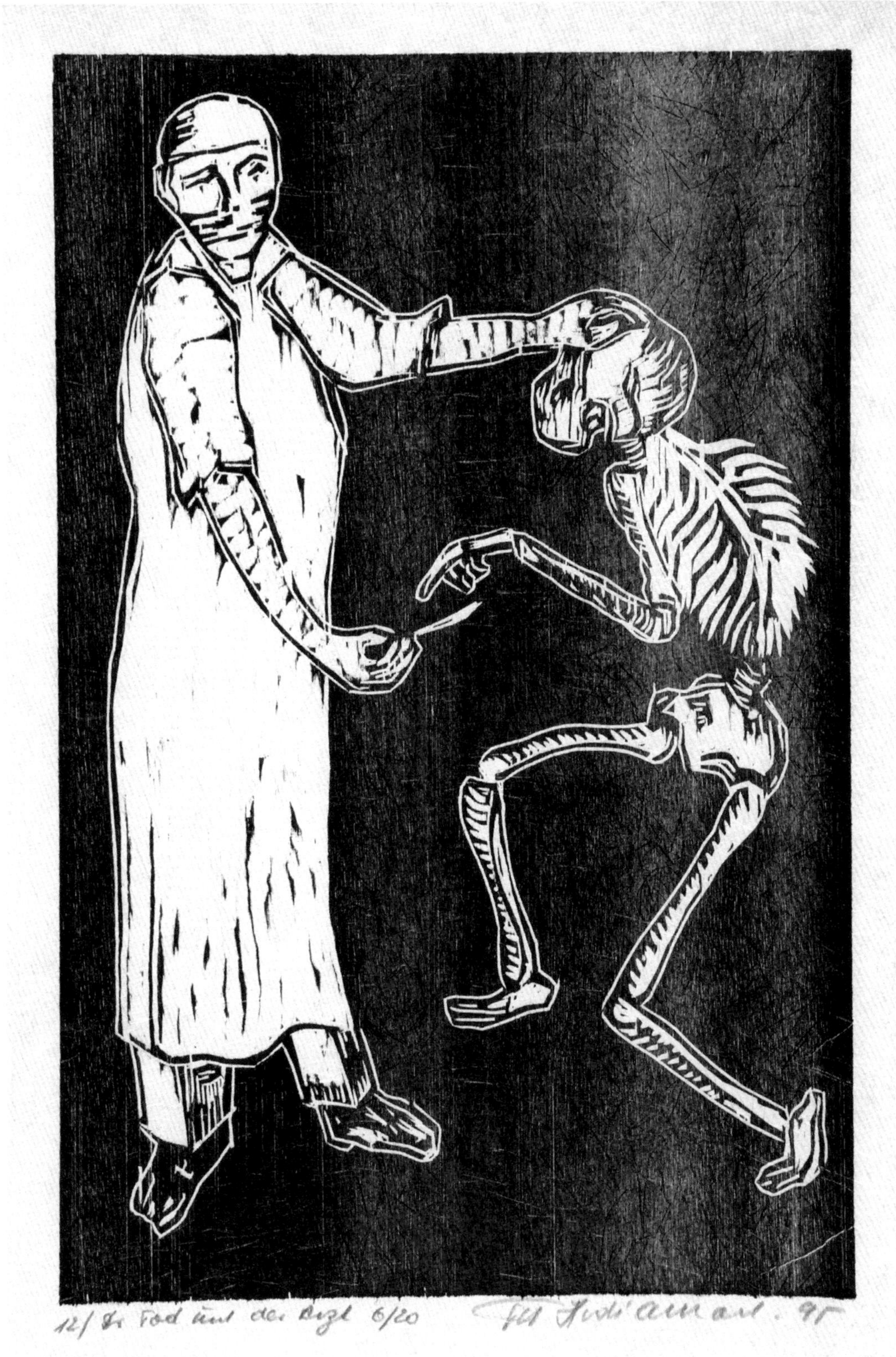

Abb. 3: Peter Paul Jacob Hodiamont, „12/ Der Tod und der Arzt“, aus der Folge *Vom Leben und vom Tod*, Holzschnitt, 1995, Inv. Nr. F 1846.

und seine Vorlieben verweisen, von konventionelleren Totentänzen ab. Ein Beispiel dafür bietet auch das Blatt Nr. 13, betitelt „Der Tod und die Katze" (Abb. 5). Hodiamont selbst berichtet, dass er „die Katzen wegen ihres Freiheitsdranges und ihrer individuellen Persönlichkeit"[10] liebe, weshalb er sich in seinen Arbeiten auch häufig mit diesem Tier auseinandersetzte.

Der Tod selbst wird in dem Zyklus auf verschiedene Weise dargestellt. Hodiamont zeigt ihn sowohl in weiblicher als auch in männlicher Gestalt, als nacktes Haut- oder als Knochenskelett, oder mit einem Umhang und auch Hut bekleidet. Auf dem Blatt „Der Tod und der Arzt" wirkt das Skelett hilfsbedürftig und verletzbar, während es in der Darstellung „Der Tod und der Kranke" machtvoll und unaufhaltsam erscheint. In einigen Fällen wirkt der Tod beinahe geduldet oder auch erwünscht.[11]

Die Betitelung der einzelnen Blätter beginnt bei 18 von 19 Motiven mit „Der Tod (...)".[12] Dies ist nicht ungewöhnlich für Totentänze und reiht sich damit in eine ältere Tradition ein. Durch die Betitelung („Der Tod und der Arzt" etc.) kann der Betrachter auch die dargestellten Personen und Szenerien direkt erfassen und deuten. Das letzte Bild dieses Zyklus, „Der Tod und der Maler" (Abb. 6), zeigt Hodiamont, wodurch der Künstler den Reigen durch seine eigene Darstellung abschließt.

Der Tod soll in Hodiamonts Zyklus als allgegenwärtig und alltäglich zu verstehen sein. Alle Menschen müssen ihm einmal begegnen.[13] Er ist für Hodiamont nicht nur als bösartiger Feind zu verstehen, der Trauer und Leid mit sich bringt. Vielmehr hat der Künstler gerade in schweren Situationen Geborgenheit in seinem Glauben gefunden:

> *An vielen Kranken-, Sterbe- und Totenbetten habe ich gestanden: Eltern, Verwandte, vier Schwestern, zahlreiche Freunde und Tote des Krieges. Unverschuldetes Leiden und Sterben wecken in mir stets Auseinandersetzung und Protest. Doch spüre ich jedes Mal mehr die unmittelbare Nähe des Schöpfers. Seitdem mir Gottes Barmherzigkeit Gewißheit ist, glaube ich an das Bild, daß wir zurückfallen in seine Hand.*[14]

Der Fokus unseres Lebens, so scheint Hodiamont uns zu sagen, sollte auf Mitmenschlichkeit und Toleranz liegen, so dass wir am Ende dem Tod ohne Furcht entgegen treten können.

1 *Bilder zwischen Himmel und Erde 1945–1999. Peter P. J. Hodiamont Fondation*, Baelen 2000, S. 2.
2 Frank Büttner und Andrea Gottdang, *Einführung in die Ikonographie. Wege zur Deutung von Bildinhalten*, 2. Auflage, München 2009, S. 99.
3 Peter Hodiamont, *Peter Hodiamont. 70 Jahre*, Eupen [1995], S. 57.
4 *Bilder zwischen Himmel und Erde* 2000, S. 3.
5 *Peter Hodiamont. 70 Jahre* [1995], S. 57.
6 *Peter Hodiamont. 70 Jahre* [1995], S. 57.
7 *Bilder zwischen Himmel und Erde* 2000, S. 3.
8 F. Derwahl. Aus dem Zyklus Vom Leben und Tod. Text 12 „ Der Tod und der Arzt".
9 F. Derwahl. Aus dem Zyklus Vom Leben und Tod. Text 12 „ Der Tod und der Arzt".
10 Zitiert nach: *Peter Hodiamont – Alter Ego. 1940–1990. 50 Jahre Ans Jaren*, Aachen 1990, S. 35.
11 Auf dem Blatt Nr. 2 „Der Tod und der Arme" erscheint der Tod mit seinem Mantel als Retter in der Not, der den armen und hungrigen Menschen umsorgt und ihn trägt.
12 Das Blatt Nr. 11 wird mit „Der letzte Tanz" betitelt.
13 Heinz-Josef Lambertz, *Zwiesprache. Texte zum Leben und Werk von Peter Hodiamont*, Herzogenrath 2005, S. 24.
14 Zitiert nach: *Peter Hodiamont – Alter Ego* 1990, S. 25.

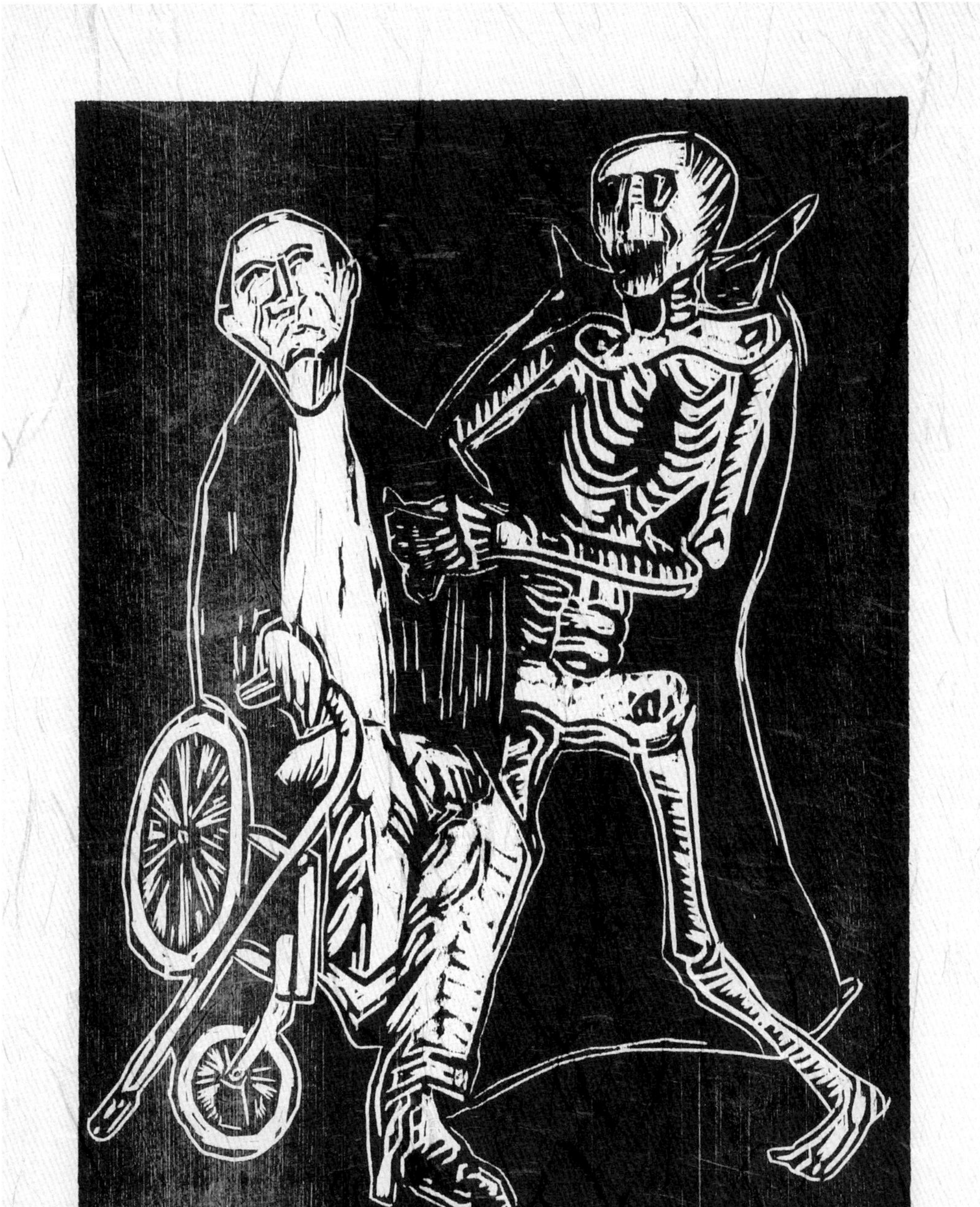

Abb. 4: Peter Paul Jacob Hodiamont, „7/ Der Tod und der Kranke“, aus der Folge *Vom Leben und vom Tod*, Holzschnitt, 1995, Inv. Nr. F 1841.

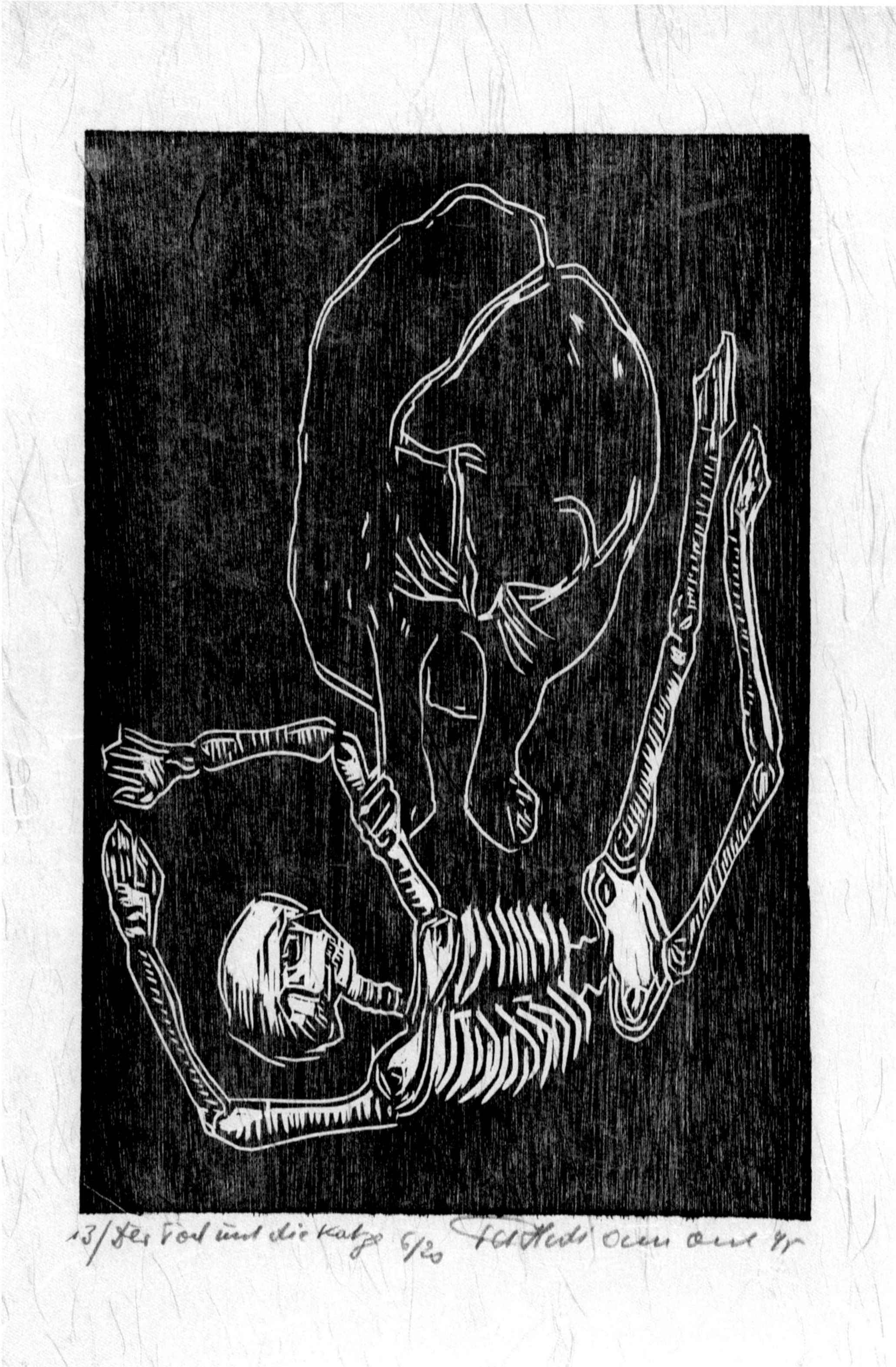

Abb. 5: Peter Paul Jacob Hodiamont, „13/ Der Tod und die Katze“, aus der Folge *Vom Leben und vom Tod*, Holzschnitt, 1995, Inv. Nr. F 1847.

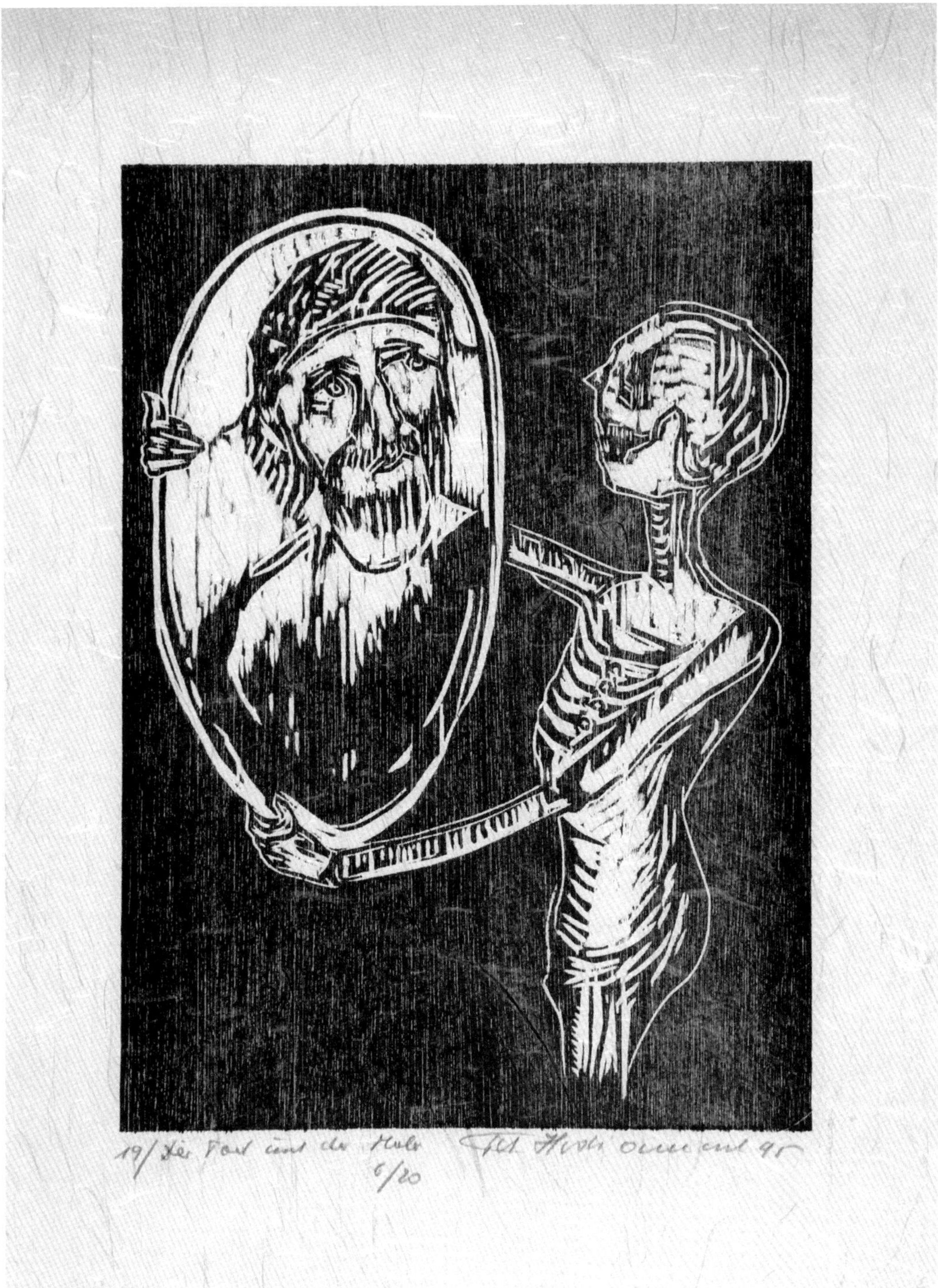

Abb. 6: Peter Paul Jacob Hodiamont, „19/ Der Tod und der Maler“, aus der Folge *Vom Leben und vom Tod*, Holzschnitt, 1995, Inv. Nr. F 1853.

Rolf Lock

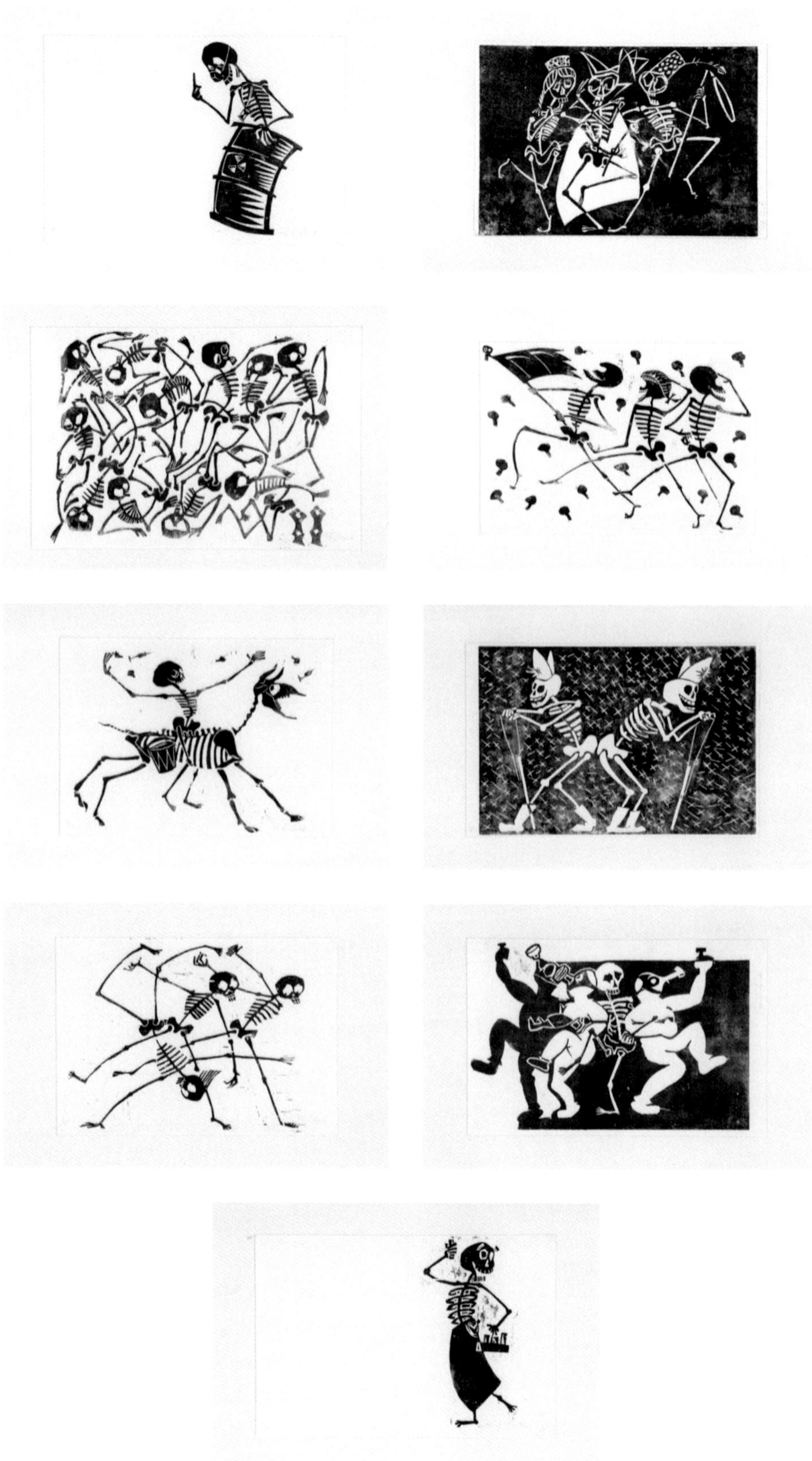

Abb. 1: Rolf Lock, komplette Folge *Carne vale*, Holzschnitt, 1998, Inv. Nr. F 1709.–1717.

Rolf Lock, *Carne vale*, 1998

Jennifer Liß

Der Dürener Künstler Rolf Lock (geb. 1955) ist ausgebildeter Schriftlithograph, studierte von 1978 bis 1982 Design an der Fachhochschule Aachen und arbeitete dann als Graphiker für Industrie, Agenturen und Museen. Heute ist er selbstständiger Künstler und bietet immer wieder Kalligraphieseminare an. In der Graphiksammlung „Mensch und Tod" ist er mit der Holzschnittserie *Carne vale* aus dem Jahr 1998 vertreten.

Über die Herkunft des Begriffs ‚Karneval' gibt es verschiedene Thesen. Eine dieser Thesen führt das deutsche Wort auf das mittellateinische ‚Carne levare' zurück, was übersetzt in etwa ‚Fleisch wegnehmen' bedeutet und auf die Fastenzeit anspielt.[1] Davon abgeleitet wurde die leicht humoristisch zu sehende Umformulierung ‚Carne vale' – ‚Fleisch, lebe wohl!' oder ‚Fleisch, adé!'.[2] Und genau dies ist der Titel der Totentanzfolge Rolf Locks. In neun Holzschnitten zeigt Lock typische Charaktere des Karnevalstreibens, die durch den Knochenmann gespielt werden.

Dabei ist das Auftreten des Todes in der närrischen Zeit eigentlich nicht verwunderlich. Die Verbindung von Tod und Narr besteht seit dem Mittelalter. Die Narrheit stand für Gottesleugnertum sowie Sündhaftigkeit. Sie war damit aufs Engste mit der Erbsünde und dem Erscheinen des Todes in der Welt verbunden. Der Narr geriet damit zum Sinnbild irdischer Vergänglichkeit und des Todes.[3] So kommt es denn auch vor, dass der Tod selbst im Narrengewand auftritt, wie es im Großbasler Totentanz der Fall war, denn „zwischen den Symbolfiguren Narr und Tod [besteht] nicht nur eine mehr oder minder zufällige äußere Beziehung [...], sondern eine geistesgeschichtlich klar begründete innere Wesensverwandtschaft".[4] Beide stehen für die Vergänglichkeit und scheren sich nicht um Stand und Rang ihres Gegenübers. Sie sind Gleichmacher und werden so zu Verbündeten.

Doch Locks Karneval ist nicht vereinzelt mit dem Tod besetzt, sondern alle Figuren – mit wenigen Ausnahmen – werden vom Tod gespielt. Der Tod wird zur Leitfigur des Karnevals, die närrische Jahreszeit unabdingbar mit der Vergänglichkeit verbunden. Dieser scheinbare Kontrast löst sich bei genauerer Betrachtung des Karnevals schnell auf, denn das Wissen um die Endlichkeit schwingt bei vielen karnevalistischen Reden oder Liedern mit: „Un deit d'r Herrjott mich ens rofe", eine Zeile aus Willi Ostermanns

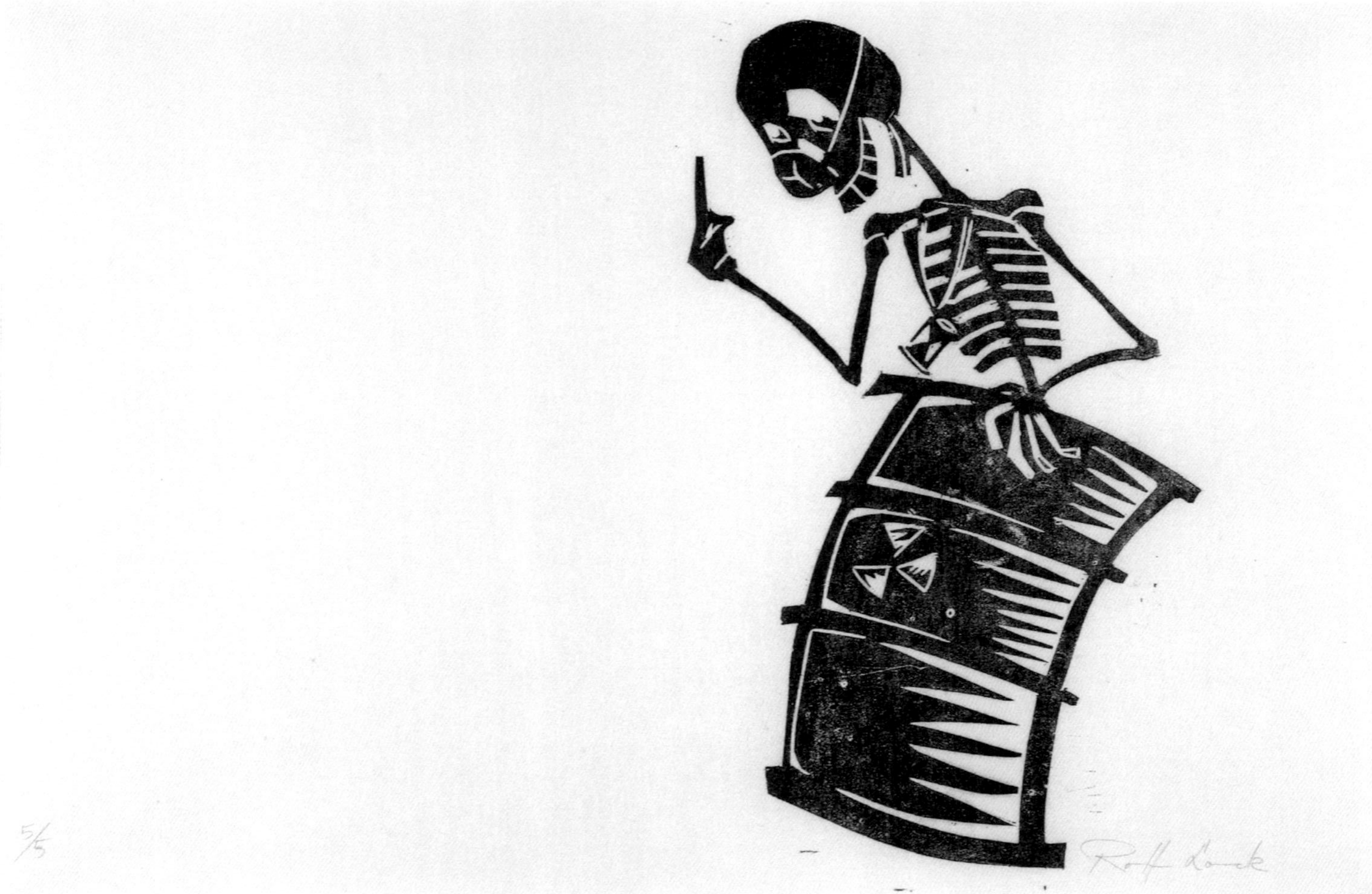

Abb. 2: Rolf Lock, „Büttenredner“, Blatt 1 von 9 der Folge *Carne vale*, Holzschnitt, 1998, Inv. Nr. F 1709.

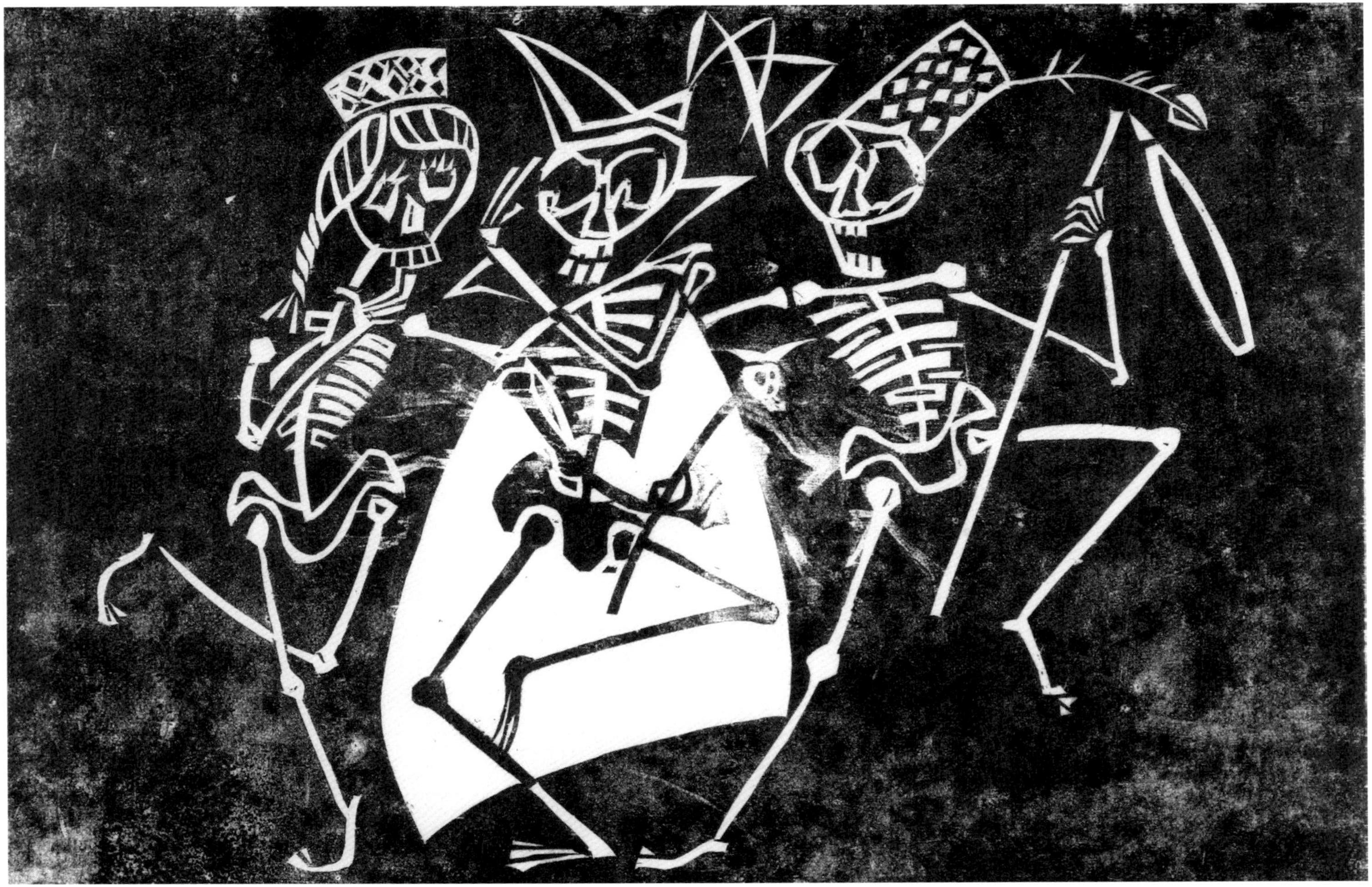

Abb. 3: Rolf Lock, „Dreigestirn“, Blatt 2 von 9 der Folge *Carne vale*, Holzschnitt, 1998, Inv. Nr. F 1713.

„Heimweh nach Köln“, ist nur eines der Beispiele, die zeigen, wie präsent das Wissen um die Sterblichkeit im Karneval gehalten wird.[5]

Ein knöcherner „Büttenredner“ macht bei Rolf Lock den Auftakt des *Carne vale* und steht statt in einer klassischen ‚Bütt‘ in einer Tonne mit dem vorne prangenden Symbol für Radioaktivität (Abb. 2). In dem querrechteckigen Blatt ist der Tod an die rechte Seite gerückt worden, sodass er zur Mitte gewandt mit umgeschnallter Clownsnase dem Publikum den Mittelfinger zeigen kann. Um seinen schematisch geschnitzten Hals baumelt, wo sonst oft ein Ehrenabzeichen hängt, eine Sanduhr. Des Todes Orden ist die Vergänglichkeit.

Das „Dreigestirn“, welches im zweiten Blatt der Folge zu sehen ist, setzt sich aus Skeletten zusammen, die sich hell von einem dunklen Hintergrund abheben (Abb. 3). Mittig prangt ‚seine Tollität‘ Prinz Karneval mit einer Narrenkappe auf dem Kopf und einem Narrenzepter in der Hand, seiner Marotte.[6] Umrahmt wird der Prinz durch seinen hellen Umhang, der ihn von den anderen Figuren abgrenzt. Dieses Bildfeld, in dem der Knochenmann invers zum Rest seines Körpers dargestellt ist, betont seine tänzerische, dynamische Haltung mit vor dem Körper verschränkten Armen und angezogenen Knien. Dabei salutiert er, wie im Karneval üblich, mit der linken Hand an der rechten Kopfseite – eine Verballhornung des klassischen Salutierens.

Der Bauer zu seiner Linken schreitet ebenso enthusiastisch auf den Betrachter zu und hebt dabei den Dreschflegel in seiner Linken wie einen Tanzstab empor. Allerdings schmücken seine Krone anstelle von 125 Pfauenfedern, wie es im Kölner Karneval zur Darstellung der Unsterblichkeit der Stadt Köln üblich ist, nur eine einzelne und dabei recht karg wirkende.[7] Denn nichts, das entstanden ist, ist wirklich dauerhaft und so ist selbst dieses Unsterblichkeitssymbol mit dem Tod als seinem Träger hinfällig. Die Stadtschlüssel, die der Bauer sonst besitzt, trägt er hier nicht bei sich.

Und auch die Jungfrau zur Rechten des Prinzen ist nicht im Besitz aller ihrer Attribute. Sie wird einzig von einer Krone auf dem Kopf geschmückt, unter der ihre langen Zöpfe hervortreten. Doch ist schon diese Krone nicht die ihr eigentlich zugehörige Mauerkrone, sondern eher eine schlichte Kappe mit geradem Abschluss. Der Spiegel, in dem die Jungfrau sich sonst betrachten darf, sowie das Gewand der Agrippina fehlen in dieser Darstellung.[8] In vielen Totentänzen beraubt der Tod die Standesvertreter ihrer Insignien: Im Tod sind alle gleich. Und so nimmt der Tod ihnen ihre Kronen, Zepter, Kreuze, Krücken und andere Gegenstände ab, um sich selbst damit zu schmücken. In Locks Totentanzzyklus, in dem der Tod alle Figuren gleichermaßen spielt, verschwinden die attributiven Objekte einfach, da es keinen Beraubten und Räuber dafür gibt. Der Tod ist Jungfrau, Prinz und Bauer, er ist das Trifolium. Und so kann er ihnen die Machtobjekte nur nehmen, indem er sie nicht auftauchen lässt.

In *Carne vale* wird nicht nur das Menschentreiben, sondern auch der Karneval als solches mit seinen eigenen Regeln durcheinander geworfen. Der „Elferrat“, der während der Session streng sortiert in Reih‘ und Glied angeordnet über dem Geschehen sitzt, zeigt sich beispielsweise als ein bildfüllendes Durcheinander von Skeletten, welche ohne jede Ordnung auch den letzten Fleck des querrechteckigen Formates in Anspruch nehmen. Die Gesichter der Figuren sind ausdruckslos, aber das Blatt entwickelt dennoch eine harmonische Ausstrahlung durch die beinahe ornamentale Aneinanderreihung der Knochenmänner.

Das in Blatt 4 gezeigte „Reitercorps“ wirkt dagegen schon bedrohlicher (Abb. 4). Ein Skelett sitzt mit weit geöffneten Armen auf einem ebenfalls skelettierten Pferd, welches einen Eimer an seiner Seite befestigt hat. Beide Figuren haben den Mund, beziehungsweise das Maul, zu einem breiten Lachen aufgerissen. In der Luft sieht man anstelle der karnevalstypischen Kamelle jedoch Spritzen und andere kantige Gegenstände fliegen und mehr davon wird sich in dem Gefäß an der Flanke des Pferdes befinden. Der Tod wirft mit diesen um sich und somit mit dem puren Unheil. Er erinnert mit seinem knöchernen Reittier unvermeidlich an Darstellungen des Todes bei den apokalyptischen Reitern, doch dieser Eindruck wird durch das übertriebene Grinsen wiederum relativiert. Spitzbübisch freut sich dieser Tod, denn er kann Krankheit und Verletzung verbreiten und vielleicht nehmen die Menschen es ja sogar wie die Kamelle im Karneval fröhlich und gedankenlos an.

Und auch das Blatt „Schunkeln mit der Wissenschaft" ist Unheil verheißend (Abb. 5). Vier Figuren finden sich vor einem großteils dunklen Hintergrund und haben sich an den Armen eingehakt. Die drei einzigen Menschen im ganzen Totentanzzyklus sind in Sicherheitsanzüge gekleidet und tragen Gasmasken vor den Gesichtern. Ihre Blicke richten sich nach oben und auch die Hände der äußeren beiden Figuren recken sich empor, sodass darin Gefäße sichtbar werden. Die Gasmasken, die die Menschen tragen, lassen vermuten, dass es sich um giftige Chemikalien handelt, die besser nicht in die Atemwege gelangen sollten. Dennoch ist keiner der Figuren Vorsicht anzumerken. Sie tanzen mit je einem in die Höhe gestreckten Bein und feiern, unter ihnen der Tod. Es ist unklar, ob die Männer sich seiner Präsenz bewusst sind oder ob sie gar in seinen Diensten stehen, aber zumindest fürchten sie ihn nicht. Ihre Körper sind von ihm abgewandt, ihre Blicke gehen von ihm weg, aber dennoch ist er bei ihnen untergehakt und tanzt mit ihnen den Tanz des Todes. Eine Wissenschaft, die sich seiner bedient, ihn akzeptiert und integriert, wenn auch nicht unbedingt bewusst. Es ist ein Tanz mit der Gefahr.

Der Totentanzzyklus endet mit dem „Köbes", dem aus dem Rheinland bekannten und zumeist sehr schlagfertigen Kellner verschiedener Brauhäuser (Abb. 6). Doch selbst dieser sonst eher vierschrötige, ungehobelte Mensch tritt hier mit übertrieben fröhlichem Grinsen auf. Mit einem Bierglas in der erhobenen Hand und den aufgerissenen Augen wirkt er, als habe er selbst schon getrunken. Dabei würde er sich so sein eigenes Geschäft kaputt machen. Denn Köbes waren traditionell keine normalen Kellner, sondern Händler. Sie kauften früher den Brauereien Bier ab und verkauften dieses dann an die Kunden weiter. Wenn ein Köbes also sein eigenes Bier trinkt, macht er Verluste. Doch das scheint diesen Köbes nicht zu interessieren. Er tänzelt mit seinem Tablett davon und feiert mit den Karnevalisten.

Rolf Locks *Carne vale* ist nicht nur eine Parodie auf die Menschen im Karneval, sondern nimmt sich diesen mit seinen Traditionen und Regeln selbst vor. Der Tod macht vor nichts und niemandem Halt und lässt sich von Regeln nicht einschränken. Er feiert Karneval, von der ersten bis zur letzten Figur, und auch in dieser fünften Jahreszeit entkommt man ihm nicht. Er steckt im Dreigestirn oder im Köbes, er wirft Kamelle, die keine sind, oder führt Gardetänze auf. In jedem Fall ist er immer um die Karnevalisten herum, ob sie ihn erkennen oder nicht. Der Karneval ist eine heitere Zeit, aber sie ist sich ihrer Endlichkeit und der des Lebens bewusst.

Maht Üch Freud, su lang et jeiht, et Leeve duurt kein Iwigkeit.[9]

1 Wolfgang Herborn, *Die Geschichte der Kölner Fastnacht von den Anfängen bis 1600*, Publikationen des Kölnischen Stadtmuseums 10, Hildesheim/Zürich/New York 2009, S. 139–140.

2 *Die Geschichte der Kölner Fastnacht* 2009, S. 139–140.

3 Werner Mezger, *Narrenidee und Fastnachtsbrauch. Studien zum Fortleben des Mittelalters in der europäischen Festkultur*, Konstanz 1991, S. 419. Zum Verhältnis von Narr und Tod vgl. auch: Stefanie Knöll (Hrsg.), *Narren – Masken – Karneval. Meisterwerke von Dürer bis Kubin aus der Düsseldorfer Graphiksammlung „Mensch und Tod"*, Regensburg 2009.

4 Mezger 1991, S. 426.

5 Wolfgang Oelsner, „Im Himmel ist der Teufel los". Närrische Todes- und Jenseitsvorstellungen, in: Stefanie Knöll (Hrsg.), *Narren – Masken – Karneval. Meisterwerke von Dürer bis Kubin aus der Düsseldorfer Graphiksammlung „Mensch und Tod"*, Regensburg 2009, S. 73–79, hier S. 73.

6 Die Marotte entwickelte sich aus einer dem Narren als Attribut dienenden Keule ab der zweiten Hälfte des 13. Jahrhunderts. Sie bezeichnet einen Stab mit einem kleinen Kopf darauf, meist ein Porträt des Trägers, und wird auch oft als Narrenzepter bezeichnet. Durch die Fixiertheit des Narren auf seine Marotte und somit sich selbst wird die narzisstische Ader des Narren betont. Etymologisch entstammt die Marotte dem Begriff ‚marionette', einem Diminutiv von ‚Marie'. Vgl. Mezger 1991, S. 184f; Johanna Fleischmann, Kat. Nr. 7, „Tod als Marotte", in: Stefanie Knöll (Hrsg.), *Narren – Masken – Karneval. Meisterwerke von Dürer bis Kubin aus der Düsseldorfer Graphiksammlung „Mensch und Tod"*, Regensburg 2009, S. 107–108.

7 http://www.kg-urmitz.de/karnevalsgesellschaft/Gruen-Weiss-eV/lexikon.htm (letzter Zugriff: 25.06.2015).

8 http://www.kg-urmitz.de/karnevalsgesellschaft/Gruen-Weiss-eV/lexikon.htm (letzter Zugriff: 25.06.2015).

9 Oelsner 2009, S. 73.

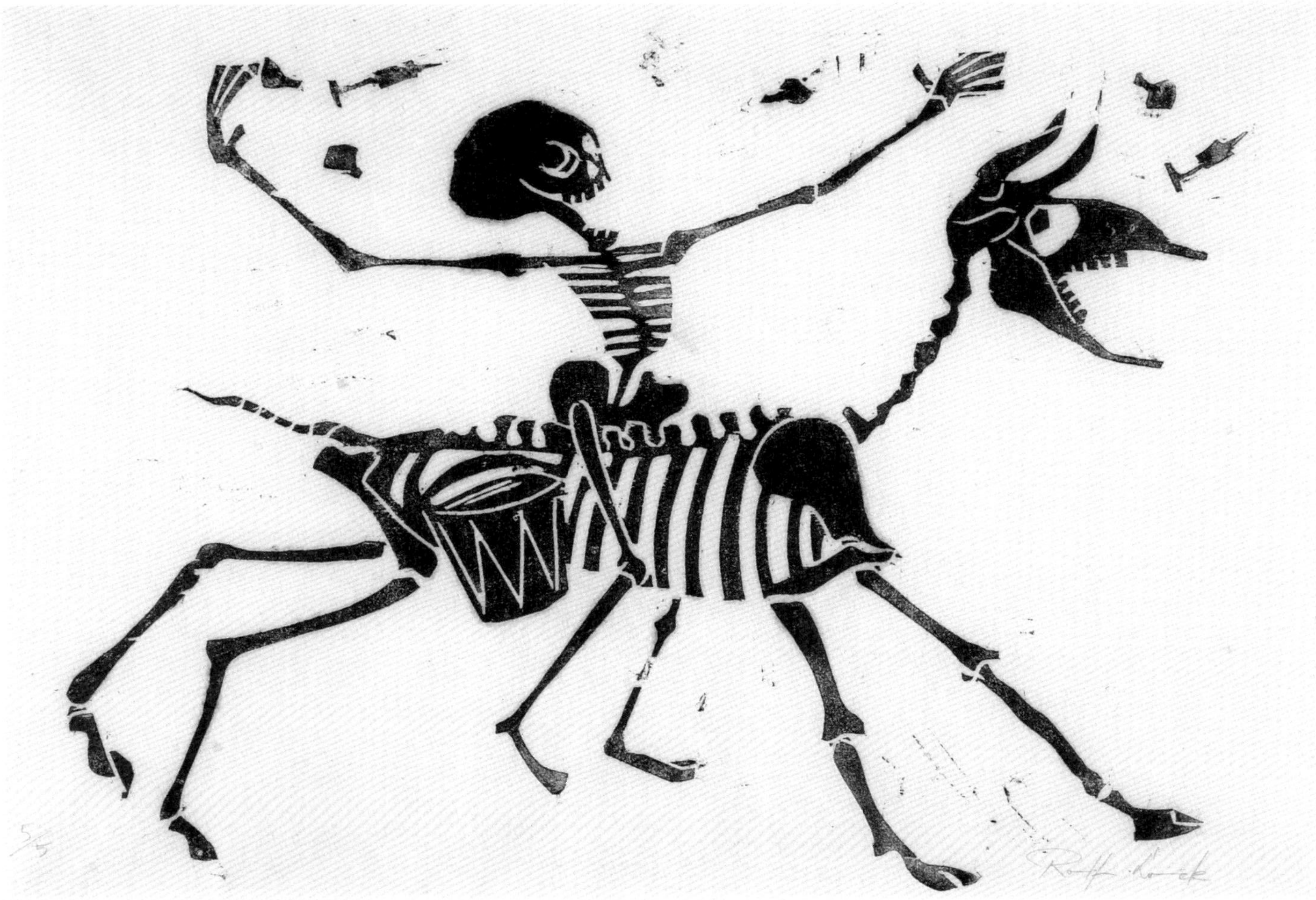

Abb. 4: Rolf Lock, „Reitercorps“, Blatt 5 von 9 der Folge *Carne vale*, Holzschnitt, 1998, Inv. Nr. F 1713.

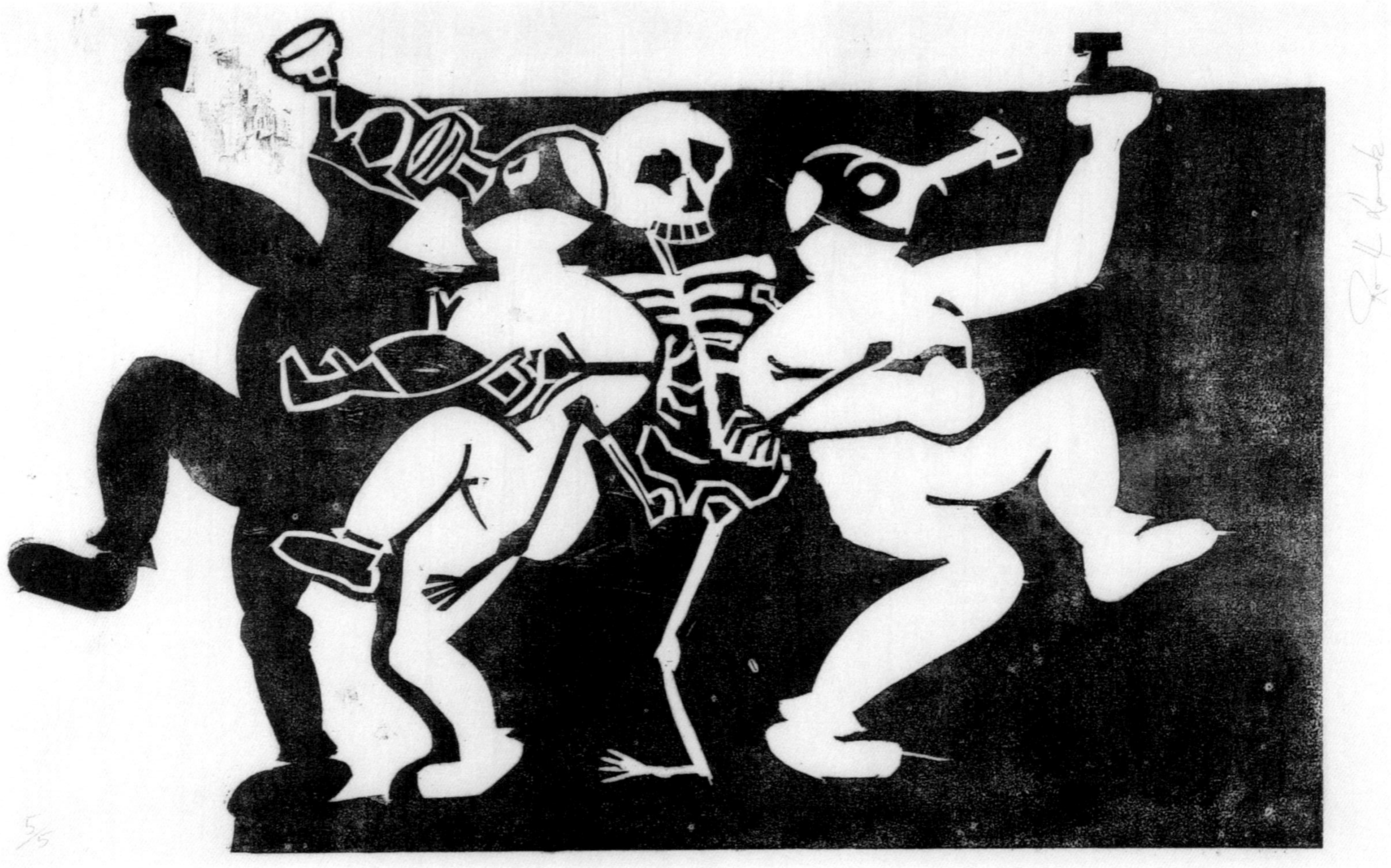

Abb. 5: Rolf Lock, „Schunkeln mit der Wissenschaft“, Blatt 8 von 9 der Folge *Carne vale*, Holzschnitt, 1998, Inv. Nr. F 1716.

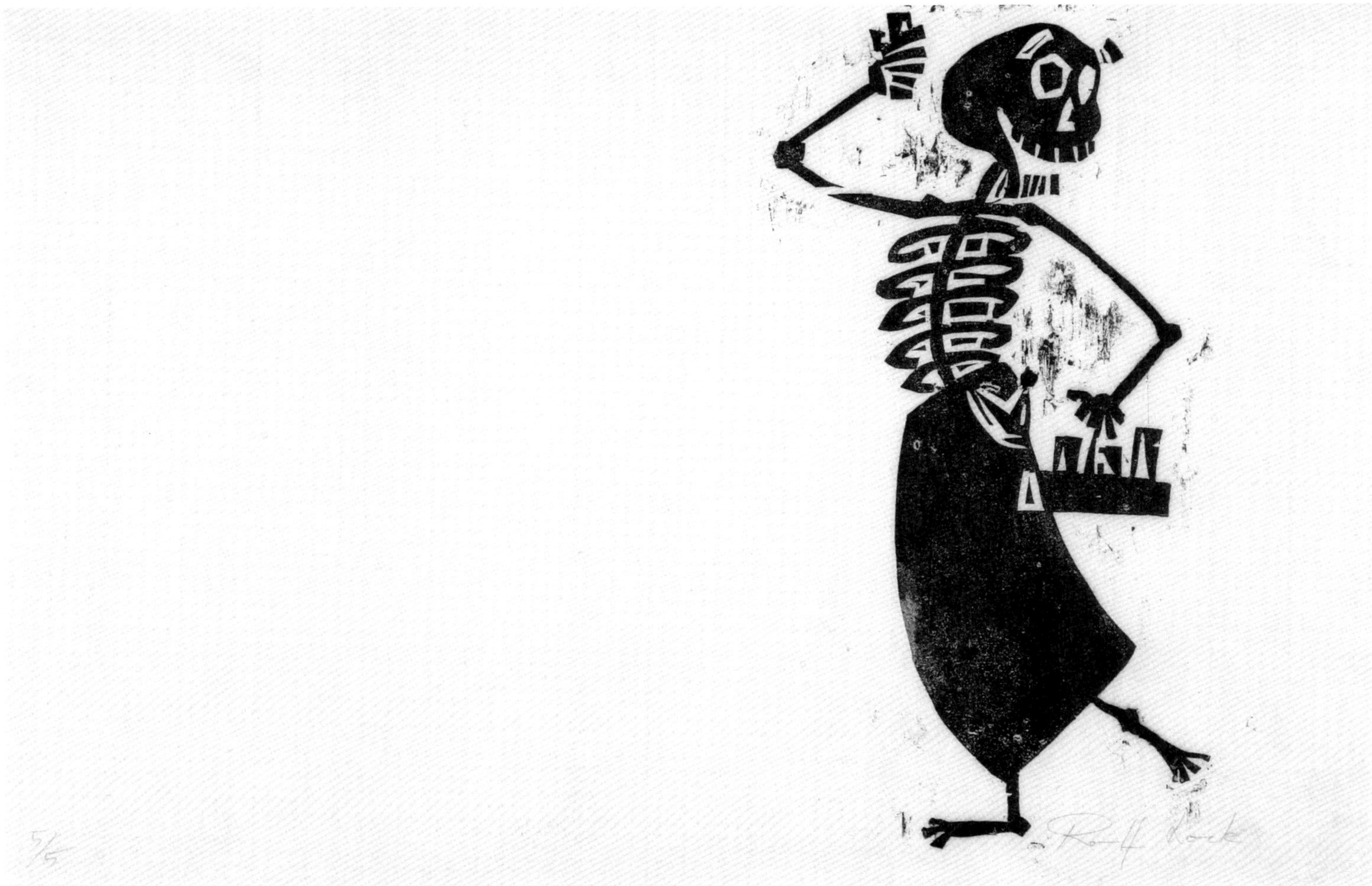

Abb. 6: Rolf Lock, „Köbes“, Blatt 9 von 9 der Folge *Carne vale*, Holzschnitt, 1998, Inv. Nr. F 1717.

Herwig Zens

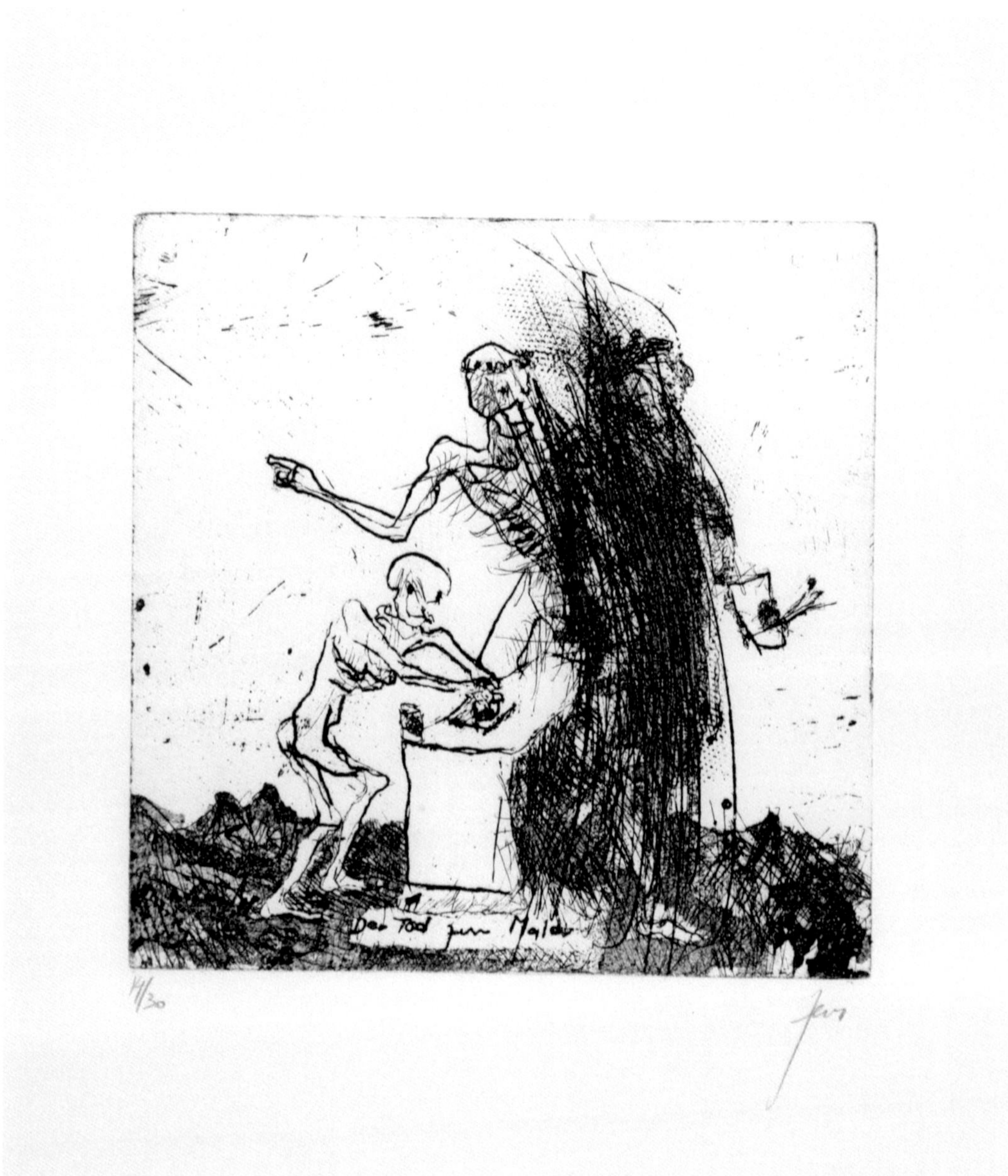

Abb. 1: Herwig Zens, „Der Maler“, Blatt 40 von 40 der Folge *Basler Totentanz,* Radierung, 1990, Inv. Nr. F 1583.

Herwig Zens, *Projekt Basler Totentanz*, 1988 und *Der neue Lübecker Totentanz*, 2003[1]

Stefanie Knöll

Im Werk von Herwig Zens (geb. 1943), der ab 1987 eine Professur an der Akademie der Bildenden Künste in Wien inne hatte, sind das Morbide und der Tod ständig präsent. Man denke an seinen Palermo-Zyklus (1984) zu den dortigen Katakomben mit mumifizierten Leichen und die GOYA-PROJEKTIONEN (1984–1993).[2] Von besonderer Intensität war die sich über mehrere Jahrzehnte erstreckende Beschäftigung mit dem Motiv des Totentanzes. Zens war von jeher interessiert an zyklischen Strukturen[3] und der Auslotung dichotomischer (Begriffs-)Paare wie ‚Mann und Frau' oder ‚Leben und Tod'.[4] In den Totentänzen kam beides in geradezu idealer Weise zusammen.

1988 begann die Auseinandersetzung mit dem berühmten Großbasler Totentanz, die eine großformatige malerische Paraphrase[5] sowie einen in 30 Exemplaren aufgelegten Radierzyklus[6] (Abb. 1) zum Ergebnis hatte. Begleitet wurde der Prozess durch das radierte Tagebuch, das der Künstler seit 1977 führt.[7]

Der um 1440 entstandene Großbasler Totentanz hatte bis zu seiner Zerstörung die Innenseite der Friedhofsmauer des Predigerklosters geziert. Dargestellt waren ursprünglich 37, später 39 lebensgroße Figurengruppen, die jeweils die Begegnung des personifizierten Todes mit einer männlichen oder weiblichen Standesperson vor Augen führten. Ergänzt wurden diese Paarungen durch drei zusätzliche Szenen: Die ‚Predigerszene' und das Beinhaus eröffneten den Reigen; gegen Ende der Reihe fand sich eine Sündenfall-Darstellung. Im Laufe der Zeit war die Wandmalerei mehrfachen Restaurierungen und Umgestaltungen unterworfen.

1805 wurde die Wandmalerei auf Initiative der Anwohner aus städtebaulichen Gründen zerstört. Erhalten sind heute lediglich 19 Fragmente des Wandgemäldes. Kenntnis von der Abfolge und Darstellung der Paare, wie auch Anhaltspunkte zu den restaurierungsbedingten Veränderungen des Wandbildes geben zahlreiche Reproduktionen.[8] Als bedeutendste Reproduktion darf die Anfang des 17. Jahrhunderts geschaffene Radierfolge von Matthäus Merian gelten. Sie bildet die Grundlage für die meisten späteren Darstellungen

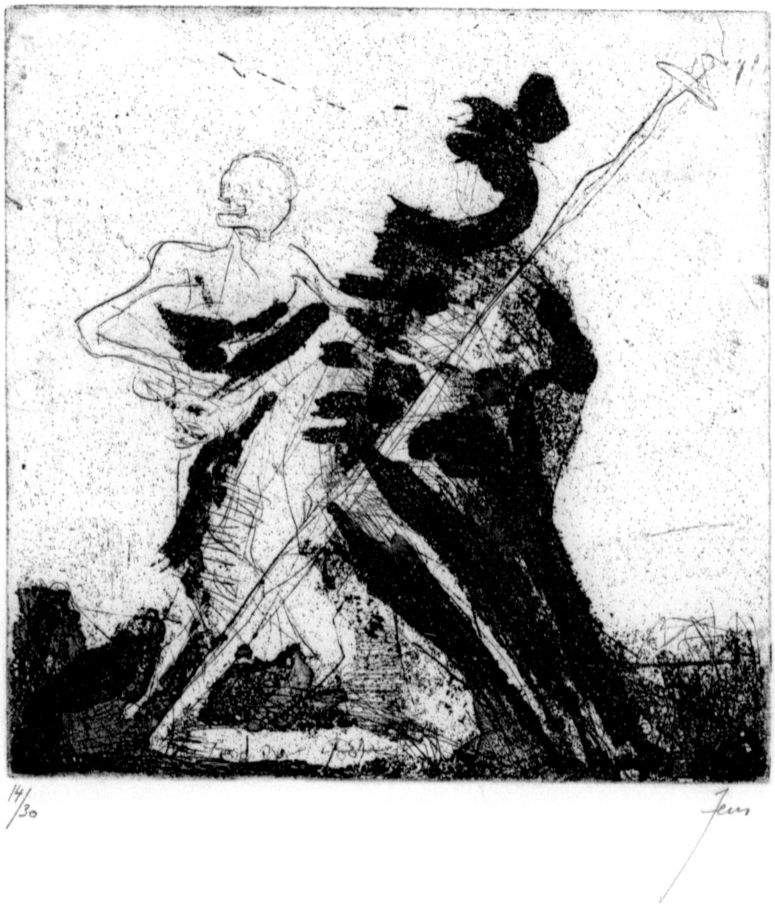

Abb. 2: Herwig Zens, „Der Papst", Blatt 1 von 40 der Folge *Basler Totentanz,* Radierung, 1990, Inv. Nr. F 1544.

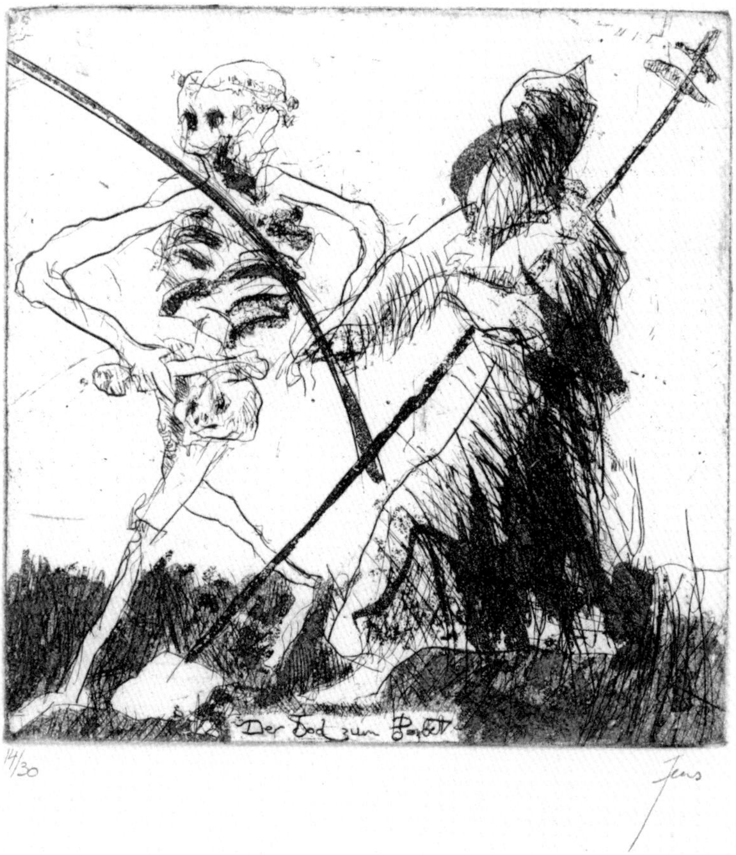

Abb. 3: Herwig Zens, „Der Papst“, Blatt 2 von 40 der Folge *Basler Totentanz*, Radierung, 1990, Inv. Nr. F 1545.

des Totentanzgemäldes, u.a. für die 1744 entstandenen Graphiken von Jacques Anthony Chovin (1720–1776), die 1770–1773 geschaffenen Zeichnungen Emanuel Büchels (1705–1775) und das 1806 datierte Aquarell Johann Rudolf Feyerabends (1779–1814).[9]

Jedes Blatt in Zens' Radierzyklus gibt ein Figurenpaar des Großbasler Totentanzes in seitenrichtiger Darstellung wieder. Zens bleibt dabei ganz nah an Vorbildern wie den Radierungen Merians bzw. dem Aquarell Johann Rudolf Feyerabends. Dass er selbst das Aquarell Feyerabends als Vorlage benennt[10], erstaunt allerdings angesichts der Vereinzelung der Szenen. Lediglich in einem als 3er-Auflage erschienenen Zusammendruck wurden die einzelnen Totentanzbegegnungen in der Art Feyerabends vereint.

Zens verzichtete auf die beiden einleitenden Szenen und die Sündenfalldarstellung. Damit ergeben sich insgesamt 39 Motive. Diese Reduktion auf die bei Merian und Feyerabend überlieferten Begegnungen von Tod und Standesvertreter führte dazu, dass beim Zusammendruck für eine lückenlose Anordnung von je acht Figurenpaaren in fünf Reihen eine Szene ergänzt werden musste. Zens führte jedoch keine neue Paarung ein. Seine Maßgabe war es, den Zyklus weder in der Abfolge – einzig Maler und Malerin wurden vertauscht – noch in der Zusammensetzung der Standesvertreter zu verändern. Und so sind in dem Zusammendruck an erster und zweiter Stelle zwei unterschiedliche Bearbeitungen der Papst-Szene zu sehen.

Hält der Papst in der ersten Version[11] (Abb. 2) ein einfaches Kreuz in der Hand, so ist es in der zweiten Szene[12] ein Doppelkreuz (Abb. 3). Darüber hinaus trägt der Tod in der zweiten Variante einen Stirnkranz, der in der ersten Version nicht vorhanden ist. Zens bezieht sich im ersten Bild auf die Gouachen Emanuel Büchels, der 1770–1773 den Zustand des damals noch in situ befindlichen, jedoch durch zahlreiche Restaurierungen stark überarbeiteten Basler Wandgemäldes dokumentierte. Für das zweite Bild – wie für alle übrigen – griff er auf den Zustand des frühen 17. Jahrhundert zurück, wie er in den Radierungen Merians und – über die Vermittlung durch Chovin – im Feyerabend-Aquarell fassbar ist. Zusammengenommen weisen die beiden Papst-Bilder auf die vor Zens liegenden Entstehungsschichten des Basler Totentanzes hin.

Mehrfach noch kehrte Herwig Zens zur Beschäftigung mit dem Totentanz zurück. 1998 entstanden seine Malereien zum Füssener Totentanz.[13] Im Jahr 2003 setzte er sich – wiederum in Radierung und Malerei – mit dem monumentalen Lübecker Totentanz (Abb. 4) auseinander.[14]

Dieser um 1463 von Bernt Notke (1440–1509) für die Beichtkapelle der Lübecker Marienkirche geschaffene Zyklus zeigte 24 lebensgroße Totentanzpaare vor einer Landschaftskulisse. Wie in den spätmittelalterlichen Totentänzen üblich, bewegen sich die Todespersonifikationen in grotesken Sprüngen, während die Standesvertreter erstarrt und steif wirken. Im Jahr 1701 wurde das beschädigte Original durch eine Kopie Anton Wortmanns ersetzt. Das Original ist seither verloren.[15] Wortmanns Kopie nahm den Platz des alten Gemäldes in der Lübecker Marienkirche ein und erstreckte sich gleichfalls über etwa 30 m entlang der Wände der Beichtkapelle. Im Zusammenspiel mit den Totentanzversen erinnerte das Werk den Betrachter an den Tod und forderte ihn zur Buße auf. 1942 verbrannte der Fries bei einem Bombenangriff. Die einstige Farbigkeit des Gemäldes von Wortmann kann heute allein durch die 1866/1867 entstandenen kolorierten Lithographien nach dem verschollenen Aquarell C. J. Mildes rekonstruiert werden. Aus der Zeit zwischen den beiden Weltkriegen haben sich Schwarzweiß-Fotografien Wilhelm Castellis erhalten.[16]

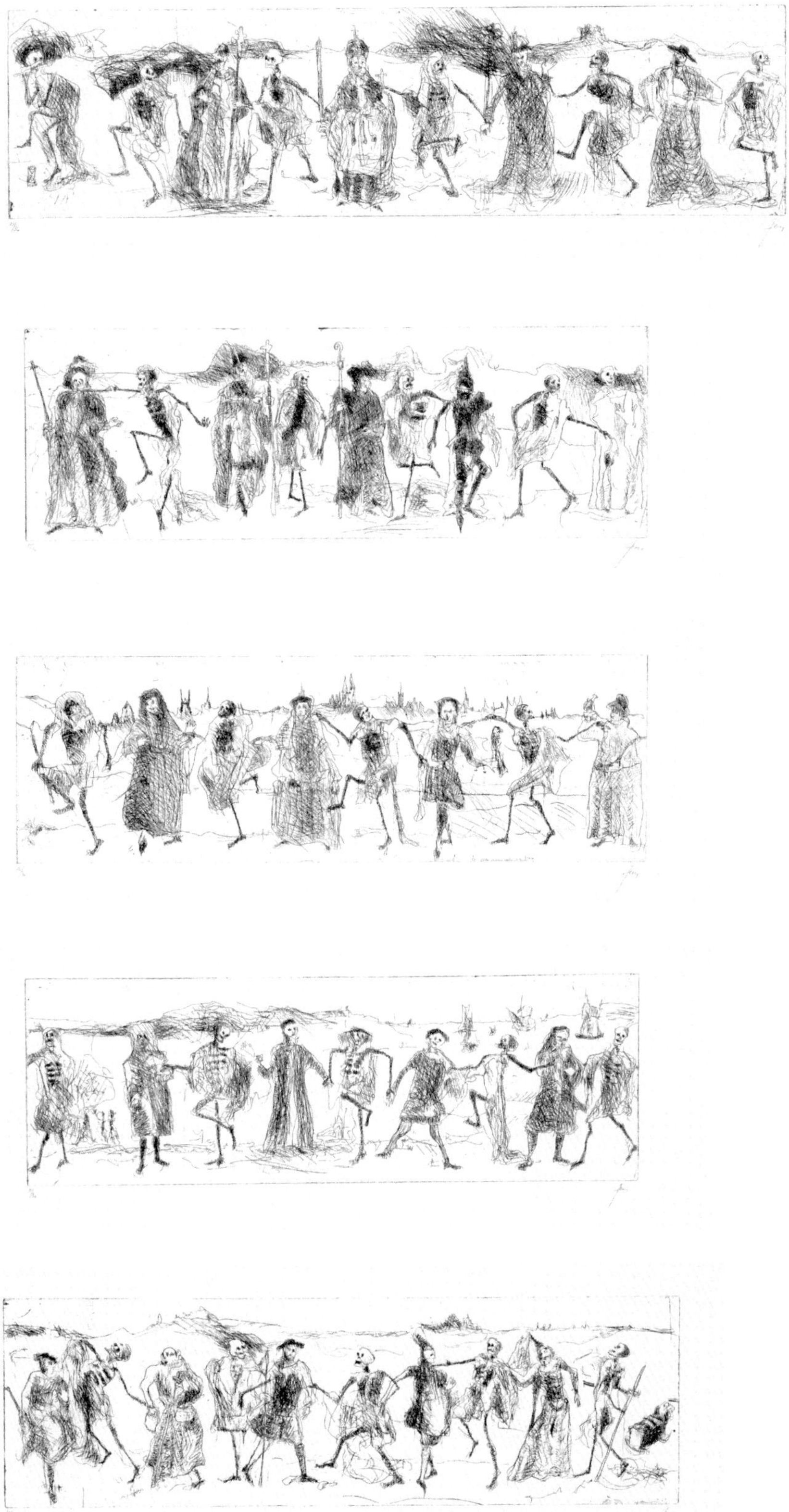

Abb. 4: Herwig Zens, *Lübecker Totentanz,* Radierung, 2003, Inv. Nr. F 1753.–1757.

Die Gemälde von Herwig Zens, die sich farblich an Milde orientieren, reihen sich ein in die wechselvolle Geschichte des Lübecker Zyklus'. Für einige Monate konnten sie am originalen Standort in der Lübecker Marienkirche gezeigt werden.[17]

Seit dem späten 18. Jahrhundert hat sich für die graphische Reproduktion des Lübecker Gemäldes eine Tradition der Aufteilung in acht Bildstreifen entwickelt, die eine relativ gleichmäßige Zusammenstellung von je fünf bis sieben Figuren zeigen. Zens hatte es sich nun zur Aufgabe gesetzt, seine Leinwände am Originalstandort zu präsentieren. Es war daher notwendig, die Figuren auf der zur Verfügung stehenden Fläche unterzubringen. Durch die Anpassung an die Wandflächen ergaben sich zum Teil andere Rhythmisierungen als in den Lithographien Mildes. Wie sehr den Künstler diese Frage beschäftigte, wird deutlich in einem Satz, den er nach der Fertigstellung äußerte: „Also für mich war's fertig vorgestern um Mitternacht. Da war's aus. Da hab ich gewusst, aha, funktioniert, das geht – Schluss, Ende der Durchsage."[18]

Auch in seinen Radierungen bleibt Zens dem vorgegebenen Personal und der Aufteilung an der Wand treu. Er löst sich damit von der langen graphischen Tradition für den Lübecker Totentanz. Und so variieren die Größen der fünf Blätter seiner Folge entsprechend der Länge der Wandabschnitte (Abb. 4).

Während die Todesfiguren mit ihren grinsenden Schädeln durchweg deutlich erkennbar bleiben, scheinen die Gesichtszüge beim Standespersonal gezielt ausgelöscht sowie Geschlecht und Standesattribute verunklärt worden zu sein. Das Ergebnis ist nicht nur eine Verunklärung der ursprünglichen Darstellung, sondern hat semantische Bedeutung. Das Durchstreichen der Figuren und das damit verbundene Auslöschen ihrer Individualität sind Aktionen, die in ihrer Gewaltsamkeit gleichsam auf die Macht des Todes zu verweisen scheinen. Stärker und unberechenbarer noch als hier war Zens in seinen Druckgraphiken zum Basler Totentanz vorgegangen. Durch kraftvolle Kratzer und körnige, dunkle Akzente setzende Aquatinta sowie durch aussprengende Zuckertuschetechnik formten der Künstler und die Zeit die Darstellung und überzogen sie mit einer neuen Bearbeitungs-, aber auch mit einer neuen Bedeutungsschicht (Abb. 5).

1 Bei diesem Text handelt es sich um einen Auszug aus meinem 2013 publizierten Aufsatz: Stefanie Knöll, Originale nach Originalen. Zur Wiederholung spätmittelalterlicher Totentänze in der Kunst des 20. und 21. Jahrhunderts, in: *das münster* H. 3, 66. Jg. (2013), S. 173–182.

2 *Goya von Zens gesehen*, Salzburg 2005; *Herwig Zens: Goya Variationen*, Wien 1992; *Herwig Zens – Palermo: ein Radierzyklus*, Salzburg 1992; Brigitte Borchhardt-Birbaumer, Komm, süßer Tod oder ‚Großer Wiedersinn'. Die Auseinandersetzung mit der Endlichkeit im Werk von Herwig Zens, in: Georg Peithner-Lichtenfels (Hrsg.), *Zens. Der neue Lübecker Totentanz*, Wien 2003, S. 64–75, hier S. 71–72.

3 Peter Zawrel, Der Spiegel aller Welt, in: Erich Rentrow und Herwig Zens (Hrsg.), *Zens. Projekt Basler Totentanz*, Paderborn 1990, S. 11–23, hier S. 11.

4 Vgl. dazu: Klaus Albrecht Schröder, Mythische Paare von Herwig Zens, in: *Zens m^2*, hrsg. von der Kulturabteilung des Landes Niederösterreich, Katalog des Niederösterreichischen Landesmuseums, Neue Folge Nr. 205, Wien 1987, ohne Paginierung, Abschnitt V.

5 Dazu: Erich Rentrow und Herwig Zens (Hrsg.), *Zens. Projekt Basler Totentanz*, Paderborn 1990.

6 Der Radierzyklus wird zuweilen auf 1988 datiert (vgl.: Zens 1990, S. 79) zuweilen allerdings auch auf 1990 (Herwig Zens. *Werkverzeichnis der Druckgraphik 1965–1996*, Kunsthaus Lübeck 1996, WVZ 490–529).

7 Walter Koschatzky, Graphik von Herwig Zens, in: *Herwig Zens. Werkverzeichnis der Druckgraphik 1965–1996*, Kunsthaus Lübeck 1996, S. 21–25.

8 Da die meisten dieser Reproduktionen erst nach den wichtigen Renovierungen durch Hans Hug Kluber (1568) und durch Emanuel Bock (1614–1616) entstanden sind, ist der Zustand des Wandgemäldes um das Jahr 1616 tiefer im heutigen Bewusstsein verankert als die Originalversion.

9 Emanuel Büchels Reinschrift zum Großbasler Totentanz befindet sich im Kupferstichkabinett Basel Inv. 1886.9. Das Feyerabend-Aquarell befindet sich im Historischen Museum Basel, Inv. Nr. 1870.679.

10 Zens 1990, S. 78.

11 Zens 1996, WVZ 490.

12 Zens 1996, WVZ 491.

13 *Zens – Füssener Totentanz*, zur Ausstellung im Museum der Stadt Füssen, Füssen 1998.

14 Georg Peithner-Lichtenfels (Hrsg.), *Zens. Der neue Lübecker Totentanz*, Wien 2003. Zu den Radierungen vgl.: Angelika Gwozdz, Zens radiert den Menschen aus. Der Neue Lübecker Totentanz von Herwig Zens, in: Stefanie Knöll (Hrsg.), *Totentanz Reloaded. Zum Verhältnis von Original und Reproduktion*, Schriften der Graphiksammlung „Mensch und Tod" 3, Düsseldorf 2011, S. 94–103.

15 Der Totentanz in Reval/Tallinn, den man zeitweise für ein Teilstück des Lübecker Gemäldes hielt, wird inzwischen als eigenständiges Werk betrachtet. Dazu vgl.: Hartmut Freytag (Hrsg.), *Der Totentanz der Marienkirche in Lübeck und der Nikolaikirche in Reval (Tallinn)*, Köln/Weimar/Wien 1993, bes. S. 18–23.

16 Zu beiden Bildquellen vgl.: Hartmut Freytag, Nachwort, in: *Der Todtentanz in der Marienkirche zu Lübeck nach einer einer Zeichnung von C. J. Milde ... - Neudruck der Ausgabe Lübeck, Rahtgens, 1866*, 3. Auflage, Lübeck 1997, S. VII-XVII.

17 Heute in Privatbesitz. Zum langwierigen Prozess der technischen Realisierung der Montage des Totentanzes am Originalstandort vgl.: Herwig Zens, Schlussgedanken, in: Georg Peithner-Lichtenfels (Hrsg.), *Zens. Der neue Lübecker Totentanz*, Wien 2003, S. 60–63, hier S. 62.

18 Zitiert nach: Herbert Link und Herwig Zens, Der mit dem Tod tanzt, in: Georg Peithner-Lichtenfels (Hrsg.), *Zens. Der neue Lübecker Totentanz*, Wien 2003, S. 76–87, hier S. 87.

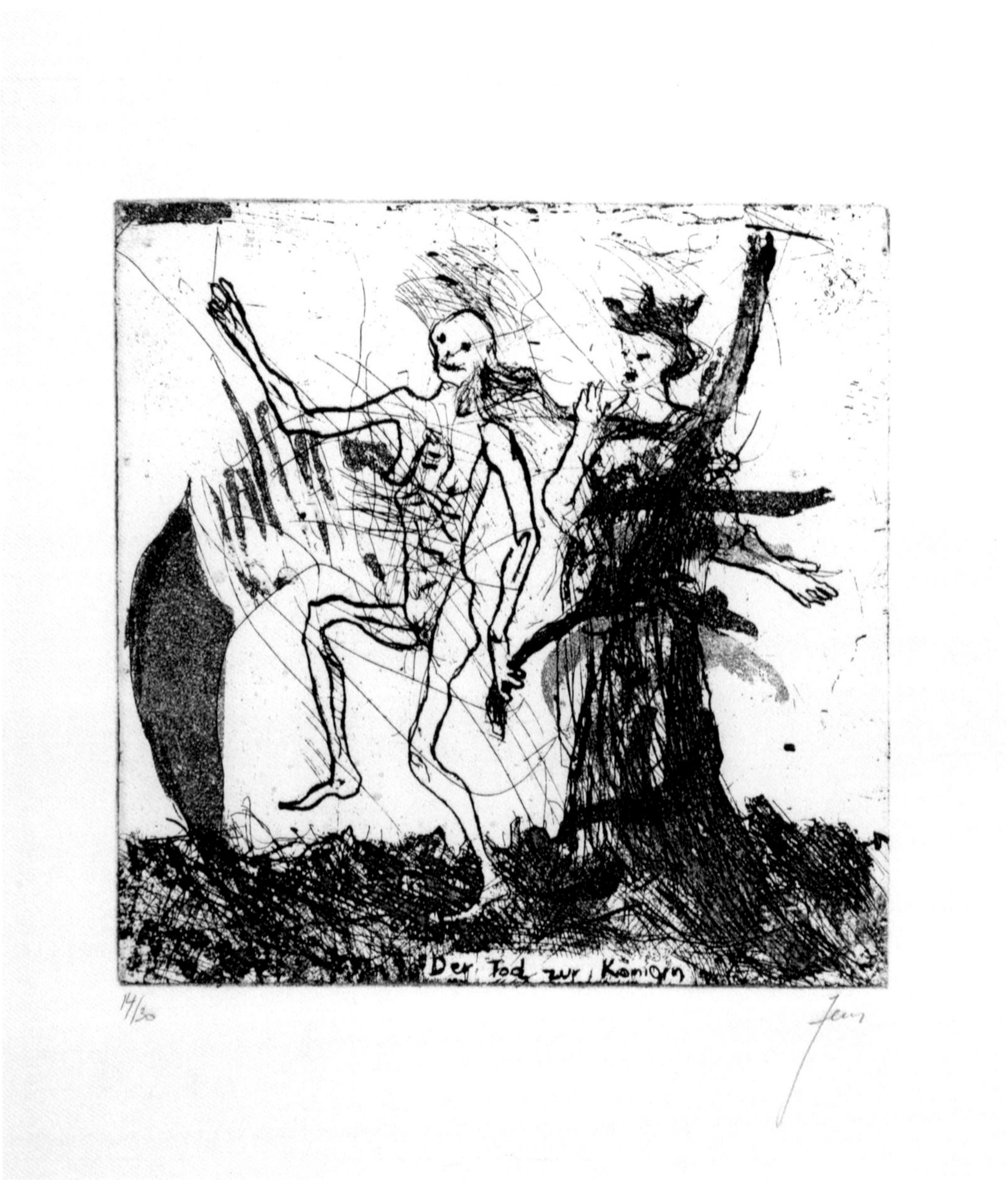

Abb. 5: Herwig Zens, „Die Königin“, Blatt 6 von 40 der Folge *Basler Totentanz*, Radierung, 1990, Inv. Nr. F 1549.

Rüdiger Hempel

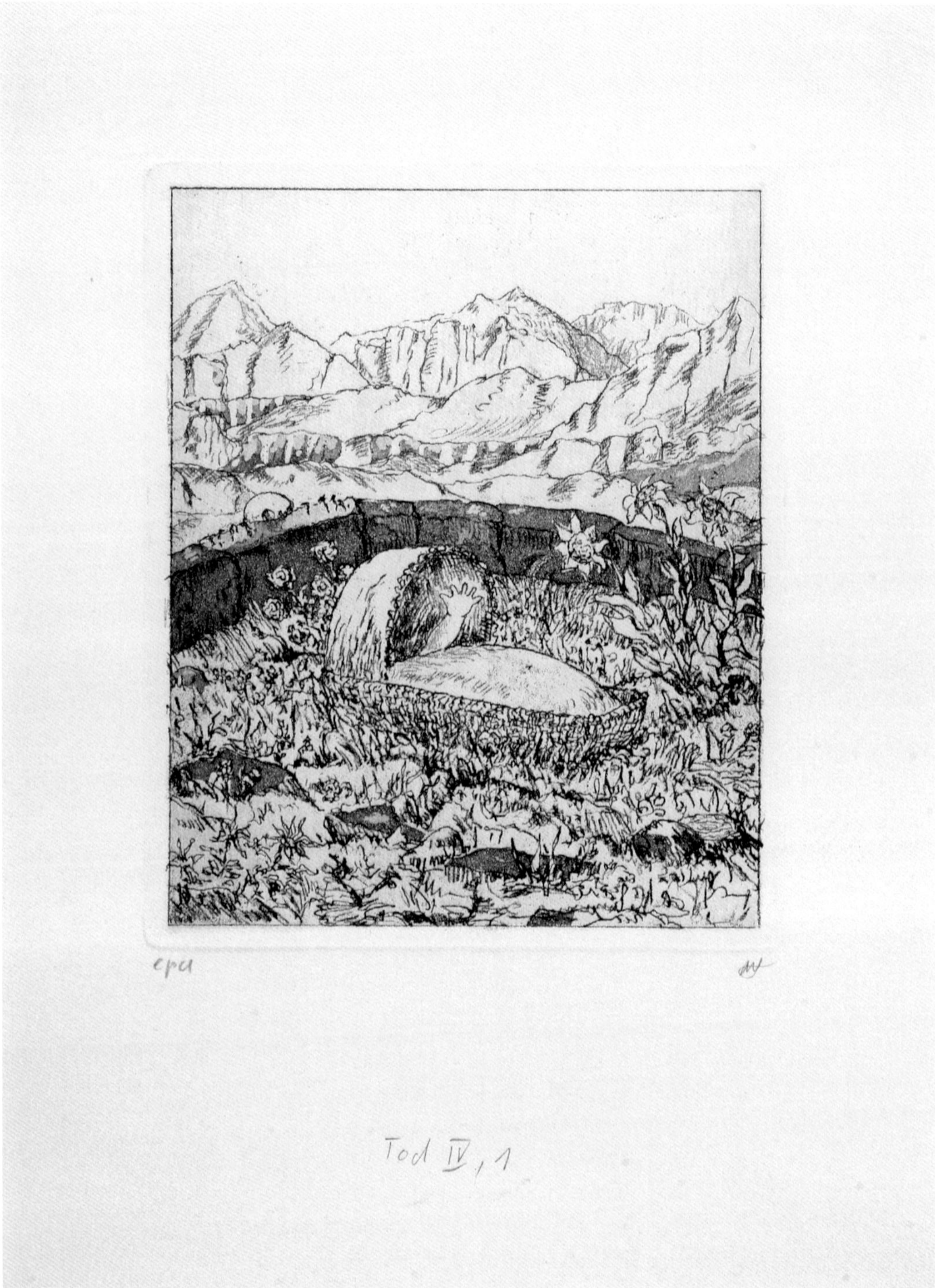

Abb. 1: Rüdiger Hempel, „Tod IV, 1", Blatt 1 von 12 der Folge *Totentanz IV*, Radierung, 2005, Inv. Nr. F 1876.

Rüdiger Hempel, *Totentanz IV*, 2005

Jennifer Liß

Der ursprünglich aus Danzig stammende Künstler Rüdiger Hempel (geb. 1939) studierte von 1961 bis 1967 an den Kunstakademien Berlin, Hannover und Düsseldorf. Seit dieser Zeit sind seine Werke immer wieder in verschiedenen Ausstellungen zu sehen, so zum Beispiel im Jahr 2012 im Düsseldorfer Kulturbahnhof Eller in einer Gruppenausstellung mit dem Titel *Memento mori.*[1] Im Laufe der Jahre setzte Hempel sich mehrfach mit dem Thema Memento mori und insbesondere mit dem Totentanz auseinander. Seinen ersten Totentanzzyklus *Totentanz I* zeichnete er schon 1966 und radierte die Folge 1968, also direkt während bzw. nach seiner Ausbildung. Diesem folgten die Zyklen *Totentanz II* (1986, Radierungen mit Aquatinta), *Totentanz III* (1999–2002, Computergraphiken), *Totentanz IV* (2005, Radierungen) und *Totentanz V* (2008–2012, Hochdruckklischees nach Radierungen). Seine Zyklen zeigen eine untypische Herangehensweise an die Thematik. Wie Hempel selbst in einem Interview bestätigt, geht es in seinen Zyklen eher um unterschiedliche Lebenssituationen, in denen der Tod auftreten kann, als um klassische Begegnungen des Todes mit Berufs- und Standesvertretern.[2] Genau dies lässt sich auch bei *Totentanz IV* feststellen.

Der Zyklus *Totentanz IV* stammt aus dem Jahr 2005 und besteht aus zwölf kleinformatigen Radierungen (meist 160 x 123 mm). Bereits das erste Blatt „Tod IV, 1" kann programmatisch für weitere Werke dieser Reihe stehen, denn der für einen Totentanz typische Auftritt des Sensenmannes ist schon hier nicht an das Scheiden aus dem Leben gebunden (Abb. 1). Es gibt kein Entreißen, Ziehen, Tanzen. Das hochrechteckige Blatt zeigt eine von einer steinernen Brüstung umgebene Wiese voller Gras und Blumen, in deren Zentrum ein mit einem Sonnenschutz versehener Weidenkorb steht. Aus dem nach rechts offenen Korb streckt sich unter einer hochgewölbten Decke ein kleiner Kinderarm empor, so als wollte er nach den Sonnenblumen vor ihm greifen. Mehr lässt sich von dem Kleinkind in seiner geschützten Schlafstätte nicht erahnen. Hinter der Brüstung, die den Blick auf ein weites Gebirge freigibt, ist links, ganz versteckt, ein kahler Schädel zu erkennen. Die Schatten knöcherner Finger legen sich langsam auf die Umfriedung, das Gesicht des Knochenmannes bleibt zum Großteil verdeckt. Doch wäre dies nicht einmal nötig, da das Sichtfeld des Kindes durch das Dach seines Babykorbes auf die Gegenrichtung beschränkt ist. Es sieht den Tod nicht kommen und wähnt sich in einer idyllischen Welt.

Diese Szene hat als Auftakt für einen Totentanzzyklus eine Besonderheit im Vergleich zu älteren Totentänzen, deren Szenen nach den Ständen der Personen sortiert sind, welche vom Tod geholt werden. Die Begegnung des Todes mit dem Kind, das oftmals von seiner Mutter begleitet wird, findet sich traditionell am Ende des Zyklus (vgl. u.a. das Heidelberger Blockbuch der Universitätsbibliothek Heidelberg, Cod. Pal. germ. 438, um 1458 und Hans Holbeins Bilder des Todes, 1538).[3] Das schwächste Glied der Gesellschaft, das früher in der Standesfolge ganz hinten stand, beginnt nun den Tanz mit dem Tod, der gar kein Tanz ist.

Die zweite Szene scheint zunächst nicht weniger idyllisch zu sein als die erste (Abb. 2). Ein kleiner Junge steht mit ausladender Körperhaltung auf der umfriedeten Wiese. Ein mannshoher Felsen vor ihm bildet den Endpunkt der Grasfläche, hinter der es scheinbar hinab in die Tiefe geht, wie der weite Blick in eine karge Gebirgslandschaft verdeutlicht. Der Junge spielt Fußball und sein Gegner ist der massive Stein, der sich zentral im Bild erhebt. Doch hat der Junge dieses Mal daneben geschossen und der Ball ist auf dem Weg in die Tiefe, rechts vorbei an dem Felsen. Hiermit wäre das Spiel eigentlich vorbei und der Ball verloren, doch schnellt ein knöchernes Bein hinter dem Massiv hervor und hält das Geschoss im letzten Moment auf. Dieses Mal zeigt sich der Tod seinem Gegenüber, wenn auch nicht von Angesicht zu Angesicht, aber dennoch greift er direkt in das Geschehen ein. Eine Gefahr scheint er selbst dabei nicht darzustellen.

So zieht es sich nun weiter durch den Zyklus. Der Tod, der die Entwicklung des Kindes zum Mann konstant begleitet, weicht diesem nicht von der Seite. So kann man beobachten, wie der junge Mann im dritten Blatt der Folge eine Treppe in das Felsmassiv schlägt. Mit Hammer und Meißel kämpft er sich Stufe um Stufe nach oben, während der Knochenmann – jetzt nicht mehr versteckt – neben ihm auf den Felsen liegt und das Geschehen gemütlich mit hinter dem Kopf verschränkten Armen beobachtet. Der junge Mann lässt sich jedoch nicht in seiner Arbeit stören und scheint sich der Präsenz des Todes nicht einmal bewusst zu sein. Sogar als der Tod in „Tod VI, 5" eine Person aus der Tür und somit aus dem Leben des inzwischen erwachsenen und zum Künstler gewordenen Mannes heraus komplementiert, arbeitet dieser ohne aufzublicken konzentriert an seinen Werken weiter (Abb. 3).

Das Blatt „Tod IV, 7" ist das einzige in dem Zyklus, in dem der Tod nicht auftaucht (Abb. 4). Der Künstler, der sich zusammen mit einem alten Mann, einer Frau und einem Jugendlichen auf einer Terrasse aufhält, betrachtet eine an einem Ast befestigte Studie eines Skelettes. Die einzelnen Teile des Skelettes sind darauf bezeichnet, und zusammen diskutiert die Gruppe den Knochenmann, der hier nur in Form dieser anatomischen Zeichnung auftaucht. Ob es sich hier um eine Beschäftigung mit dem Thema Tod handelt, kann nicht mit Sicherheit gesagt werden. Zunächst einmal handelt es sich um eine künstlerische Übungsstunde, die der Hauptcharakter dazu nutzt, Teile des Skelettes auf seinem Block festzuhalten.

Direkt im nächsten Blatt, auf „Tod IV, 8" wiederholt sich die Szene, in der der Knochenmann einen Menschen aus dem Arbeitszimmer seines Schützlings hinaus schickt (Abb. 5). Es hängen andere Bilder an den Wänden und die Szene ist spiegelverkehrt, aber ansonsten gleichen sie sich im Aufbau des kahlen Zimmers, in dem nur ein Schreibtisch und ein Stuhl stehen, der geöffneten Tür, durch die man nur eine graue Masse erkennt

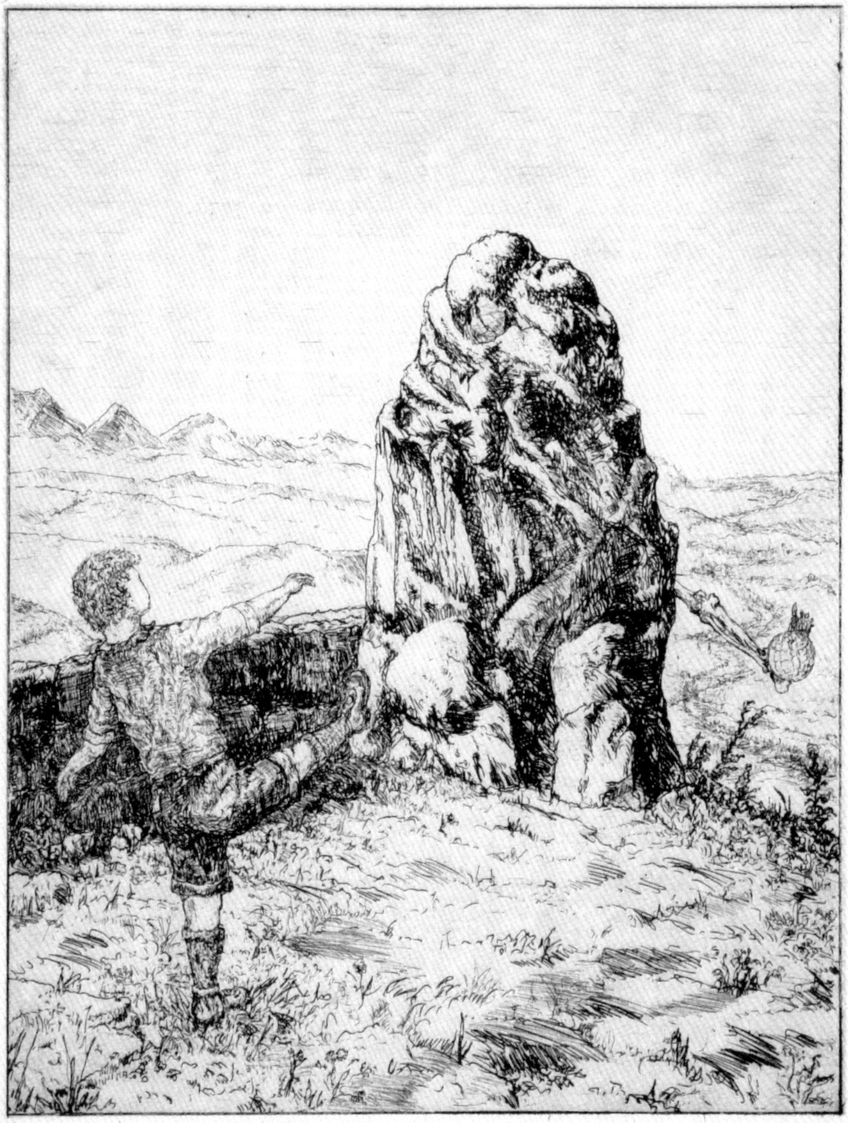

Abb. 2: Rüdiger Hempel, „Tod IV, 2", Blatt 2 von 12 der Folge *Totentanz IV*, Radierung, 2005, Inv. Nr. F 1877.

statt einer Landschaft und auch in der Haltung des Todes, der sich nicht darum kümmert, ob der Mann ihn bemerkt oder nicht. Doch dieses Mal wendet sich der Künstler von seinen Arbeiten ab, dreht sich zur Tür und streckt noch verabschiedend die Hand nach dem Mann aus, der gerade aus dem Raum geschoben wird. Und auch dieser wendet sich noch einmal zu dem Künstler um. Offensichtlich hat eine Veränderung stattgefunden und der Mann hat ein Alter oder ein Geistesstadium erreicht, in dem er die Endlichkeit des Lebens nicht länger ignorieren kann oder will. Ob der Umschwung in Blatt 7 eingetreten ist, als der Künstler sich erstmals mit dem Knochenmann auseinandergesetzt hat? Jedenfalls ist der Tod von nun an kein Fremder mehr für ihn.

Die vielleicht intensivste Erfahrung mit dem Tod hat der Künstler im zehnten Blatt, denn dort tritt er in direkte Interaktion mit dem Sensenmann (Abb. 6). Auf einer Terrasse am Meer, eingeschlossen von kargen Felsen, sitzen sich die beiden an einem Tisch gegenüber und spielen Schach. Auf dem Feld stehen nur noch zwei Figuren, der Rest liegt auf dem Tisch vor dem Knochenmann. Dieser hat enthusiastisch seinen Stuhl zurück geschoben und prescht mit einem Grinsen im Gesicht nach vorne, um seinen letzten Zug zu machen. Doch der inzwischen alte Mann bekommt das nicht wirklich mit. Er sitzt zusammengesunken in seinem Stuhl, hat eine Hand ruhig im Schoß und die andere auf der Tischplatte liegen und wirkt mit dem eingezogenen Kinn und den geschlossenen Augen wie eingeschlafen. Oder hat er vielleicht das Spiel um das eigene Leben schon vor dem letzten Zug verloren? Das Motiv des Schach spielenden Todes ist in der Kunst seit dem Mittelalter geläufig.[4] Auch ein 1966 entstandenes Blatt von Andreas Paul Weber (1893–1980), welches Hempel sicher bekannt war, trägt den Titel *Die Schachspieler* (Tod und Teufel).[5] Das Schachspiel an sich ist ähnlich wie der Tod ein Gleichmacher: „Im Tode fallen alle sozialen Rollen ab, und die nackte Wirklichkeit des Menschseins bleibt übrig. So zeigt es sich auch am Spiel-Ende, daß jede Figur ein gleiches Stück Holz ist, und sie verschwindet in demselben dunklen Sack."[6]

Die letzten beiden Szenen des Zyklus zeigen den Künstler nicht mehr erkennbar. Im vorletzten Blatt scheint es vielmehr eine Versammlung von Knochenmännern zu geben, die sich des Nachts zum Tanz am Meer treffen. Hier findet sich bei genauer Betrachtung nur eine weitere Gestalt mit einem Wanderstab oben auf einem Fels, eine dunkle Figur inmitten der Nacht, die auf das Meer hinaus blickt. Die zwölfte und letzte Radierung dieses Zyklus versinkt schließlich in der Dunkelheit. Der Betrachter erahnt einen Weg mehr, als dass er ihn wirklich sieht, und auf diesem nähern sich drei Skelette einem Boot mit zwei Männern. Die Landschaft ist nur noch in dunkle Schraffur gehüllt und schützt die Protagonisten vor dem Zugriff des Betrachters. Vielleicht zeigt sich hier schon die andere Seite des Todes, jene, die die Lebenden noch nichts angeht und deshalb ist es besser für uns, diese Seite noch nicht zu genau sehen zu können.

Mit *Totentanz IV* schuf Rüdiger Hempel einen Zyklus, der eindrücklich zeigt, dass der Tod ein ständiger Begleiter ist. Vielleicht sieht man ihn nicht immer, vielleicht spielt er den Menschen sogar Streiche, ohne dass sie ihn bemerken, aber immer ist er in ihrer Nähe. Mit dem Alter fangen dann viele Menschen an, sich mehr mit ihm zu beschäftigen. Das ist der Moment, in dem er aus dem Schatten tritt und beginnt, sich offen zu zeigen und immer präsenter zu werden. Am Ende ist der Tod der einzige Freund, der das letzte Spiel mit dem und um den Menschen spielt. Dieses letzte Spiel kann nur verloren werden. Es ist eine schöne Beobachtung, die Hempel macht – die Omnipräsenz des Todes, die vielleicht nicht bemerkt, aber niemals aufgehoben wird.

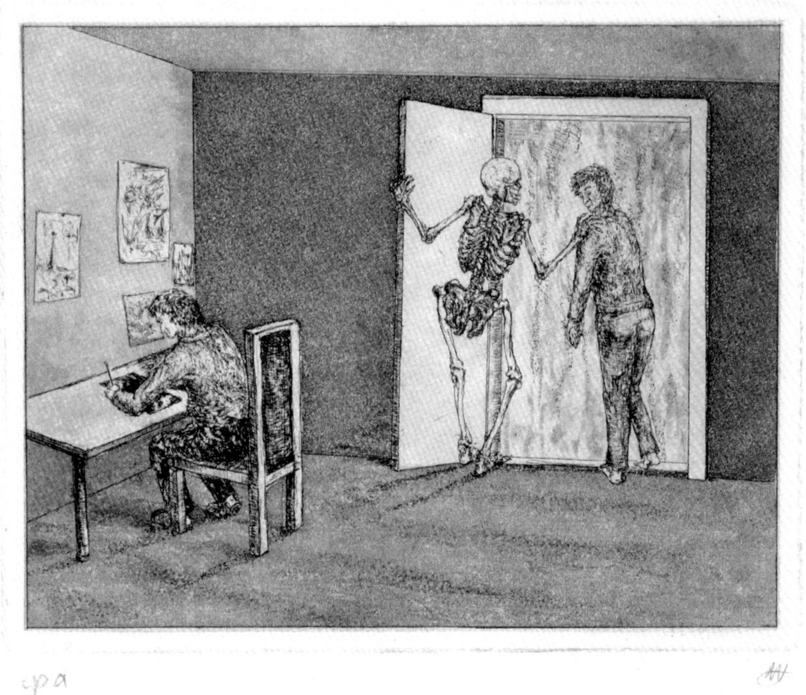

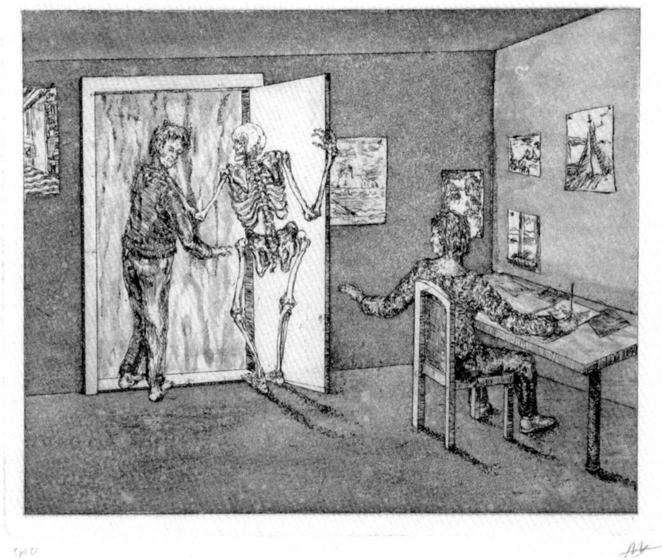

Abb. 3: Rüdiger Hempel, „Tod IV, 5“, Blatt 5 von 12 der Folge *Totentanz IV*, Radierung und Aquatinta, 2005, Inv. Nr. F 1880.

Abb. 5: Rüdiger Hempel, „Tod IV, 8“, Blatt 8 von 12 der Folge *Totentanz IV*, Radierung und Aquatinta, 2005, Inv. Nr. F 1883.

1 http://www.kultur-bahnhof-eller.de/archiv/alle/2012/memento_mori.html (letzter Zugriff: 24.06.2015).

2 „Im Lauf der Jahre hat es mich immer wieder gereizt, Totentänze zu radieren. Inhaltlich habe ich dabei nicht – wie in den traditionellen ‚Totentänzen' üblich – die Begegnung des Todes mit verschiedenen Berufen oder sozialen Ständen dargestellt, sondern unterschiedliche Lebensstationen." Das Interview findet sich unter: http://kult-our-tal-museum.de/ruediger-hempel/ (letzter Zugriff: 12.5.2015).

3 Ausführlich zum Kind im Totentanz: Sophie Oosterwijk, ‚Muss ich tanzen und kann nit gan?'. Das Kind im mittelalterlichen Totentanz, in: *L'Art Macabre 3* (2002), S. 163-180, hier S. 169.

4 So ist ein Wandgemälde aus dem Straßburger Münster bekannt, auf dem sich der Tod und ein von Ständevertretern umgebener Engel am Schachbrett gegenüber saßen. Die Anregung zu diesem Werk kommt wohl aus einem bekannten Predigtbuch des 14. Jahrhunderts, verfasst von dem Dominikaner Jacobus de Cessolis, der „das Schachspiel erstmals als Allegorie der Gesellschaft dargestellt und die einzelnen Figuren auf die verschiedenen Stände bezogen hat." Das Wandgemälde, das wohl um 1480 entstand und sich bis 1715 über dem Grabmal des Geistlichen Eucharius Drosch befand, ist heute zerstört. Dazu vgl.: Hans Georg Wehrens, *Der Totentanz im alemannischen Sprachraum. „Muos ich doch dran – und weis nit wan"*, Regensburg 2012, S. 79–80; *Tanz der Toten – Todestanz. Der monumentale Totentanz im deutschsprachigen Raum*, Ausst. Kat., Kassel 1998, S. 100.

5 Vgl. Sabrina Pompe, Die Schachspieler (Tod und Teufel), in: Stefanie Knöll (Hrsg.), *Frauen - Sünde - Tod*, Schriftenreihe der Graphiksammlung „Mensch und Tod" 2, Düsseldorf 2010, S. 103-105.

6 Josef Seifert, *Schachphilosophie. Ein Buch für Schachspieler, Philosophen und ‚normale' Leute*, Darmstadt 1989, S. 117.

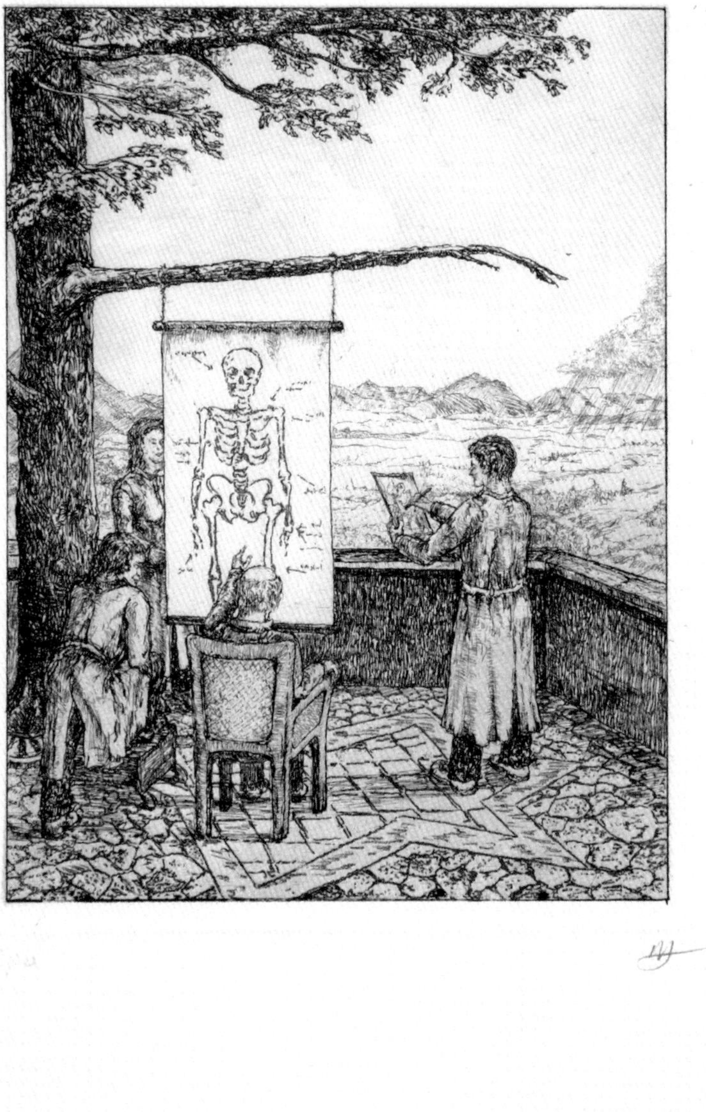

Abb. 4: Rüdiger Hempel, „Tod IV, 7“, Blatt 7 von 12 der Folge *Totentanz IV*, Radierung, 2005, Inv. Nr. F 1882.

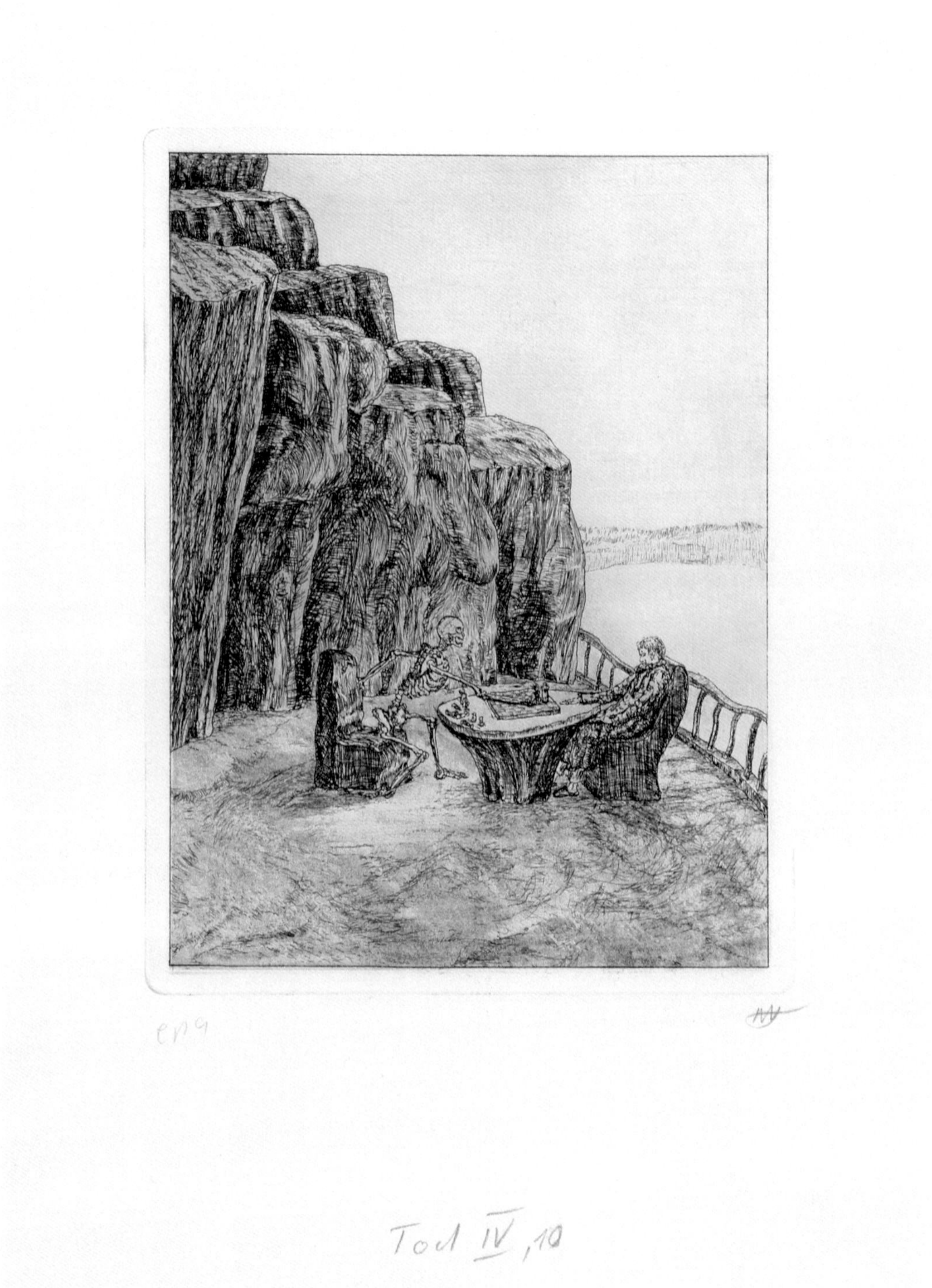

Abb. 6: Rüdiger Hempel, „Tod IV, 10", Blatt 10 von 12 der Folge *Totentanz IV*, Radierung, 2005, Inv. Nr. F 1885.

Helmut Anton Zirkelbach

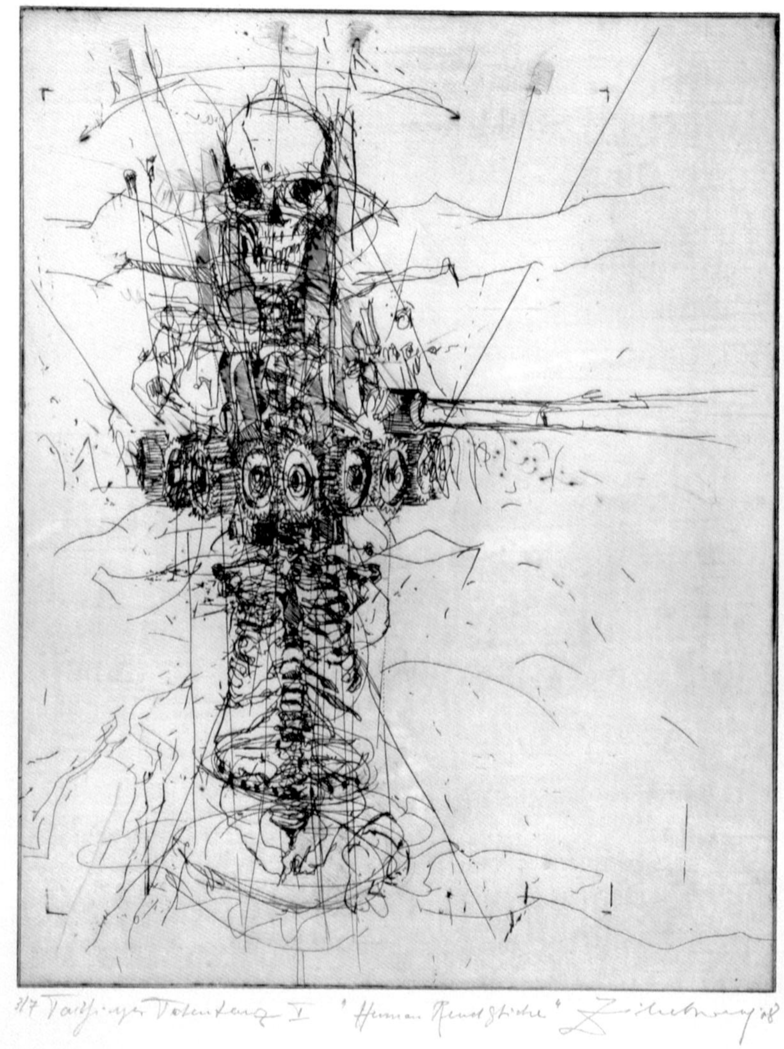

Abb. 1: Helmut Anton Zirkelbach, „Human Rundstricke“ I, Blatt 1 von 13 der Folge *Tailfinger Totentanz*, Radierung, 2008, Inv. Nr. F 1808.

Helmut Anton Zirkelbach, *Tailfinger Totentanz*, 2008

Anja Schürmann

Tod und Tanz. Die Paradoxie zwischen leblosem Gerippe und leichtlebiger Bewegung hat den Totentanz zeitlos gemacht, immer wieder aktivierbar für neue Konstellationen zwischen Leben und Bedrohung. Die Konstellation, die Helmut Anton Zirkelbach (geb. 1962) 2008 für seinen *Tailfinger Totentanz* gewählt hat, berührt das Gebiet der Textilherstellung.[1] In seiner damaligen Funktion als Regionalleiter des Verbandes der Bildenden Künstler Württembergs (VBKW) organisierte er eine Gruppenausstellung im Maschenmuseum Albstadt-Tailfingen. Jeder teilnehmende Künstler war aufgefordert, sich mit dem thematischen Spektrum des Hauses vertraut zu machen.

Zirkelbachs Skelette sind Maschinen, Cyborgs der Webstühle. Dreizehn Radierungen zählt seine Serie, Blätter mit jeweils identischen Maßen: Das Büttenpapier misst 76 x 56 cm, die Radierung 50 x 40 cm. Man kann die Serie grob in drei Sektionen teilen: Blätter, in denen der Tod mit Maschinen interagiert, ‚freistehende' Gerippe und abstrakte Textilkompositionen ohne figurative Darstellung.

Auch wenn die Maschinen, die Webstühle, die Kleidung der Skelette einen lokalhistorischen Bezug haben und den Niedergang der Textilindustrie auf der Schwäbischen Alb thematisieren, kann man Zirkelbachs Serie durchaus paradigmatisch nennen. Die Folgen von „Fast Fashion"[2] sind nicht nur in Tailfingen, sondern auch in China, Bangladesh und der Türkei zu spüren, den größten Produktionsstätten von Kleidung für den westlichen Markt: Heute kommen neun von zehn Kleidungsstücken in Deutschland aus Ländern mit niedrigen Lohn- und Produktionskosten. Auch die Warenzyklen sind extrem beschleunigt worden: Früher dauerte es zwischen zwei und drei Monaten bis ein Produkt in den Handel kam, heute sind es laut der Wirtschaftsprüfungsgesellschaft KPMG zwischen 12 und 15 Tagen.[3]

Diese Eile, die Rasanz der Produktions- und Distributionszyklen, die letztlich globale Konsequenzen für Ökonomie und Ökologie zeitigen, nimmt Zirkelbach auch in seinen Radierungen auf, denn die Skelette haben in dem Radierzyklus einen weiteren Protagonisten: die Rundstrickmaschine. Sie kann mehrere Fäden gleichzeitig stricken und produziert etwas, was fachsprachlich ‚Schlauchware' genannt wird: Einen Textilschlauch, der wegen der fehlenden Nähte primär für Pullover und T-Shirts Verwendung findet. Diese Maschine gibt in den Blättern „Human Rundstricke" I, II und III den Takt vor, webt den/die Tod/e in ein Kräftemessen ein und dreht sich scheinbar unaufhaltbar um die eigene Mitte. In „Human Rundstricke" II scheint der Tod die Maschine bezwungen zu haben, er reitet sie und kann seine körperliche Autonomie noch sichtbarer behaupten als in I und III, wo Tod und Maschine in Bewegungslinien verschmolzen sind, die von I bis III immer schneller werden. Doch nicht nur das Strickgerät dreht sich.

Man kann in den Hüten, die einige Skelette tragen, Derwischhüte sehen, man kann in ihnen Garnrollen sehen. Letztlich geht es in beiden Lesarten um Drehung, um Zyklen, um Bewegung, ein beliebtes Symbol, nicht nur für den Tanz, sondern auch für das Leben im Allgemeinen. Es gibt Totentänze, die einen Reigen, einen kreisenden Tanz aufführen und so den Betrachter in eine nie enden wollende Drehung einspeisen.[4] Es drehen sich – durch horizontale Radiernadellinien dynamisiert – die Rundstrickmaschine, die Gerippe, die Kopfbedeckungen. Besonders deutlich stellt diesen Kreislauf das Blatt „Human Rundstricke" III (Abb. 2) dar: Die Rundstrickmaschine – die gleichzeitig mit dem Korpus der Skelette verwachsen ist – dreht sich hier so schnell, dass der Tod sich verdreifacht: Drei grinsende Schädel, die perspektivisch die Kreisbewegung akzentuieren, drei aus runden Nadelschwüngen geborene Derwischhüte, die zusammen mit den Platinen der Maschine, sowie den Rippenbögen der Skelette die Drehung visuell weiter führen. Die destruktiven Folgen dieser Beschleunigung sind unübersehbar: Nicht nur, dass die zylindrischen Rohre des Apparats wie Maschinengewehrmündungen wirken, aus denen kleine, gestochene Projektile schießen, die Blattstruktur selbst wird zerstört: Ein tiefes, schwarz umrandetes Loch wird in die Platte geätzt und symbolisch ins Gebiss des mittleren Schädels gesetzt, ein Loch, das sich erhaben von der Blattfläche abhebt und dessen Farbkontraste eine Sogkraft entwickeln, die das Bildgeschehen zu verschlingen drohen.

„Der Weber" (Abb. 4), das nächste Blatt in Zirkelbachs Reihe, scheint vordergründig produktiv zu sein. Aufrecht sitzt er, ein Skelett, am Ende des Webstuhls, dort, wo auch die Metallplatte schmaler und das rechteckige Format der Serie zum einzigen Mal verlassen wird. Die Diagonale der Kettfäden gibt die Perspektive vor: Der Blick folgt den Fäden des Webstuhls, die linear dem webenden Tod zugeführt werden und im Schwarz des unbestimmten Hintergrundes enden. Nur einzelne Textilbahnen widersprechen dieser Unausweichlichkeit, kreuzen die Kettenfäden und laufen somit parallel zum Litzenstab nicht auf den Tod zu. Diese visuelle Ausgleichsbewegung wird begleitet von Schriftzeichen, die Zirkelbach in den Ätzgrund geschrieben hat. Dort steht der ursprüngliche Name der Serie, „Albstädter Totentanz", ein paar weitere, kaum zu entziffernde Worte, die in ein Zitat von Imre Kertész münden: „und doch muss das Leben ein großes Privileg sein, wenn wir es am Ende mit dem Tod bezahlen müssen".

Textil und Tod gehen in dieser Serie eine vielschichtige – nicht nur visuelle – Verbindung ein. Im Blatt „Verwandlung" (Abb. 5) beispielsweise. sieht man drei Todesfiguren. Die zentrale Figur ist als Frau markiert worden, sie trägt Unterwäsche, ebenso wie die weibliche Todesfigur in „Hier bin ich" (Abb. 6). Flankiert wird sie von zwei Gestalten, die nicht nur kleiner sind, womit sie sich perspektivisch hinter ihr positionieren, sie scheinen sich auch aufzulösen, diffus in den Bildhintergrund zu gleiten. Diese Illusion wird nicht nur durch den fehlenden Stand, sondern auch durch die ‚Kleidung' der beiden Skelette ermöglicht, Fetzen aus feingraviertem Textil, Leinen vielleicht, die sich nicht als Bekleidung, sondern als Hüllen verstehen, seitlich bereits Fäden ziehen und

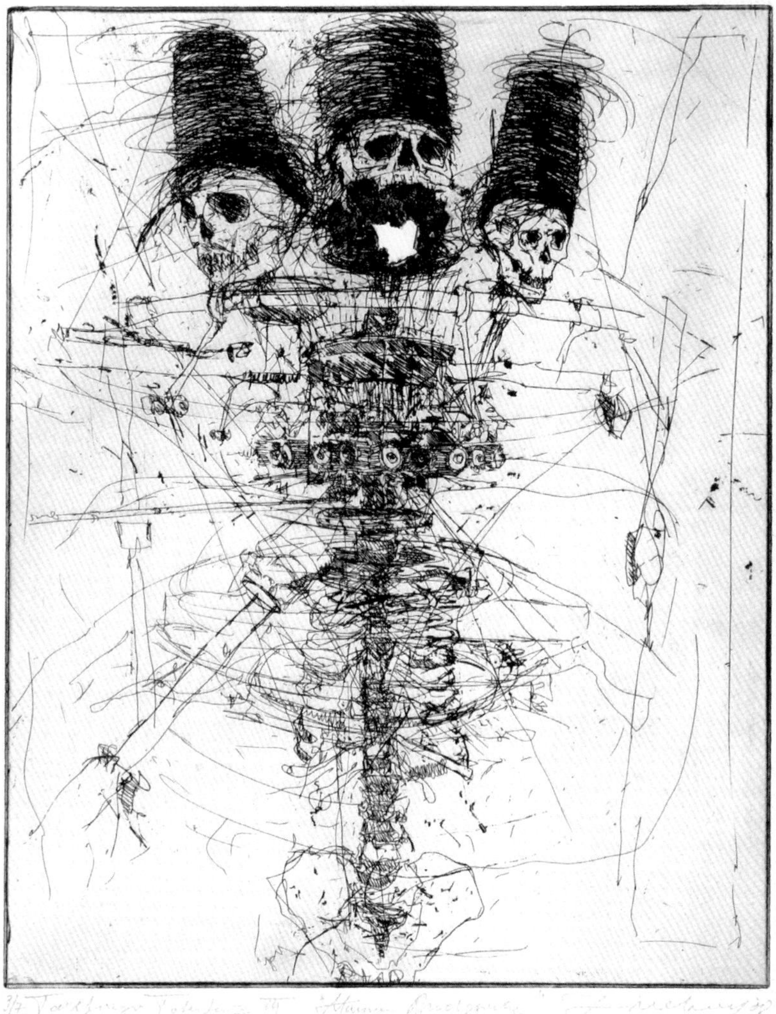

Abb. 2: Helmut Anton Zirkelbach, „Human Rundstricke“ III, Blatt 3 von 13 der Folge *Tailfinger Totentanz*, Radierung, 2008, Inv. Nr. F 1810.

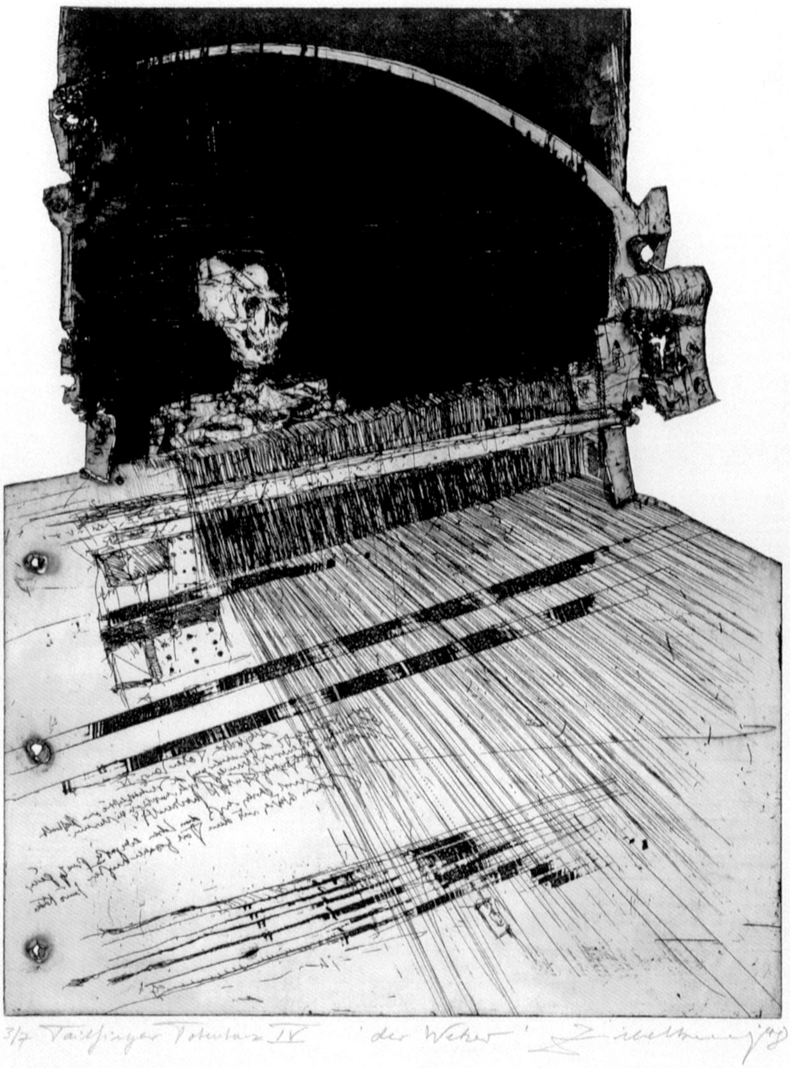

Abb. 3: Helmut Anton Zirkelbach, „Der Weber“, Blatt 4 von 13 der Folge *Tailfinger Totentanz*, Radierung, 2008, Inv. Nr. F 1811.

ebenso gut als Leichensäcke fungieren könnten. Die Darstellung von Unterwäsche lässt ebenfalls einen lokalhistorischen Bezug zu: Das Maschenmuseum Albstadt-Tailfingen hat seinen textilen Sammlungsschwerpunkt im Bereich der gewirkten und gestrickten Unterwäsche im Zeitraum 1870 bis 1970.[5]

Auch die drei abstrakten Textilkompositionen „MMA-I" bis „MMA-III" (Abb. 4), die am Anfang der Auseinandersetzung Zirkelbachs mit dem Thema standen, nehmen die differenzierte Stofflichkeit des Materials auf: In Aufsicht blickt man auf rote und schwarze Fäden, die in unterschiedlichen Dichten sich überlagern, dickere, losere Gewebe bilden, erst vertikal („MMA-I"), dann horizontal („MMA-II") und in „MMA-III" sowohl als auch. Media vita in morte sumus, das Vorhandensein des Todes im Leben, auch die Linearität der barocken Sentenz, dass jeder Augenblick im Leben ein Schritt zum Tode hin ist,[6] wird hier im Textil visuell komprimiert, eine einfache und doch komplexe Analogie geschaffen, die Vanitas-Elemente im Material erzählt. Gegen die Hybris der Moderne, das Vertrauen in die Technik oder die Allmacht des Narzissmus soll die Selbstbeschränkung durch eine Metaphysik der Endlichkeit helfen. Und Papier ist ja letztlich auch nur ein Textil.

1 Ausgewählte Literatur zum Tailfinger Totentanz: Galerie Kirchner: Vernissage von Helmut Anton Zirkelbach „Tailfinger Totentanz" am 24. Januar, Der Tod als alltäglicher Begleiter, in: Fränkische Nachrichten, 18.01.2010, http://www.fnweb.de/region/main-tauber/boxberg-assamstadt-ahorn/der-tod-als-alltaglicher-begleiter-1.388649 (letzter Zugriff: 31.05.2015); Homepage Helmut Anton Zirkelbach: http://www.helm-zirkelbach.de/Texte.htm (letzter Zugriff: 31.05.2015); Homepage Wolfgang Brandner: http://www.brandnerpiano.de/Presse2.php (letzter Zugriff: 31.05.2015); Tom Krink, Helmut Anton Zirkelbach lebt seinen (Alb)-Traum, in: arnold. Magazin für Schorndorf und Umgebung 4 (2013), http://www.kupi.de/archiv/ausgabe-4-2013/kunst.html (letzter Zugriff: 31.05.2015); Patrik Scherrer, Unliebsame Gesellschaft. Helmut Anton Zirkelbach, Die Verwandlung, 2008, in: Bildimpuls. Zeitgenössische Bild-Impulse zum christlichen Glauben, http://bildimpuls.de/rw_e13v/module/art2/default.asp?WebID=bildimpuls&modus=det&ID=445 (letzter Zugriff: 31.05.2015); Christoph B. Ströhle, Memento mori, in: Reutlinger General-Anzeiger, 23.09.2009, https://www.genios.de:443/document/GEA__srv0000000921797 (letzter Zugriff: 31.05.2015); VBKW (Hg.), Helmut Anton Zirkelbach, Tailfinger Totentanz, Stuttgart 2008; Uli Wunderlich, Helmut Anton Zirkelbach. In: Totentanz aktuell 11/127 (2009), S. 1, 3, 8–9.

2 So der Titel einer Ausstellung, die vom 20.03.2015 bis zum 20.09.2015 im Museum für Kunst und Gewerbe Hamburg stattfindet.

3 Vgl. Claudia Banz, Einführung, in: Sabine Schulze und Claudia Banz (Hrsg.), *Fast Fashion. Die Schattenseiten der Mode*, Ausst. Kat. Museum für Kunst und Gewerbe, Hamburg 2015, S. 10–15, hier S. 11.

4 Bspw. der Lübecker Totentanz von 1463.

5 Vgl. http://www.albstadt.de/museen/maschenmuseum (letzter Zugriff: 14.05.2015).

6 Die Phrase wird dem französischen Dramatiker Pierre Corneille (1606–1684) zugeschrieben.

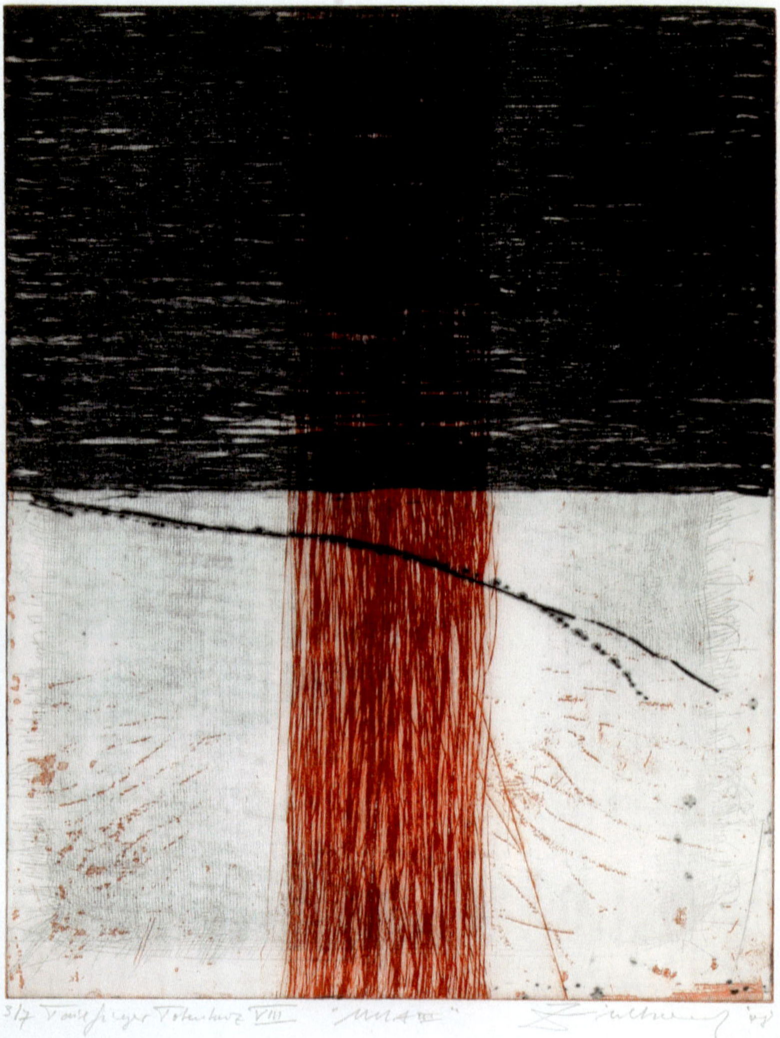

Abb. 4: Helmut Anton Zirkelbach, „MMA-III“, Blatt 8 von 13 der Folge *Tailfinger Totentanz*, Radierung, 2008, Inv. Nr. F 1815.

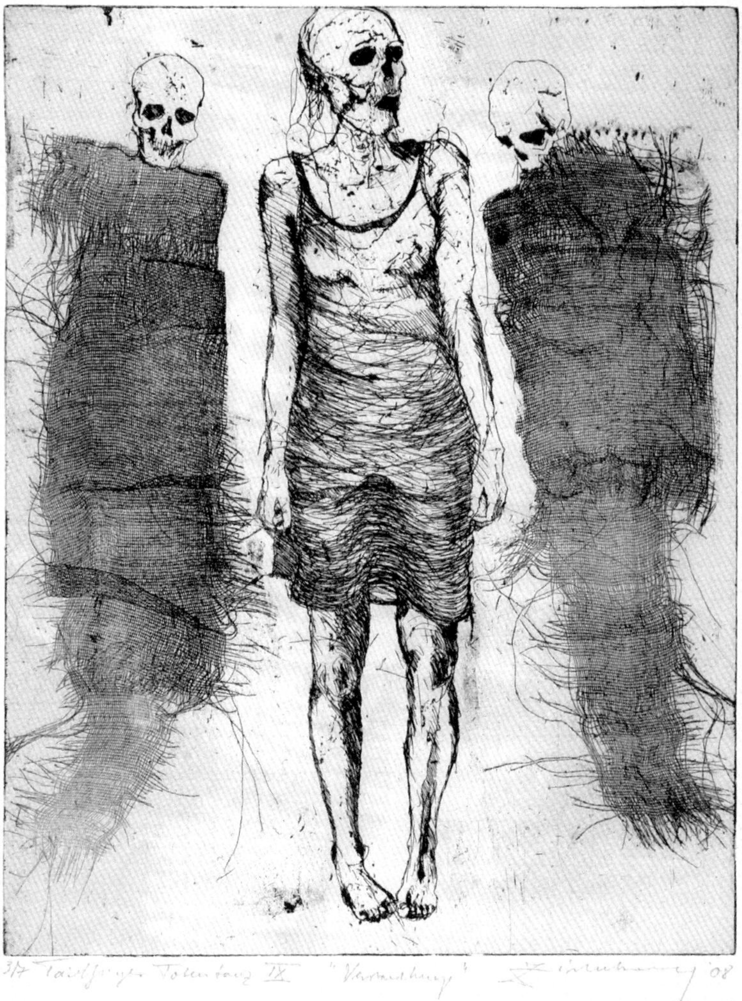

Abb. 5: Helmut Anton Zirkelbach, „Verwandlung", Blatt 9 von 13 der Folge *Tailfinger Totentanz*, Radierung, 2008, Inv. Nr. F 1816.

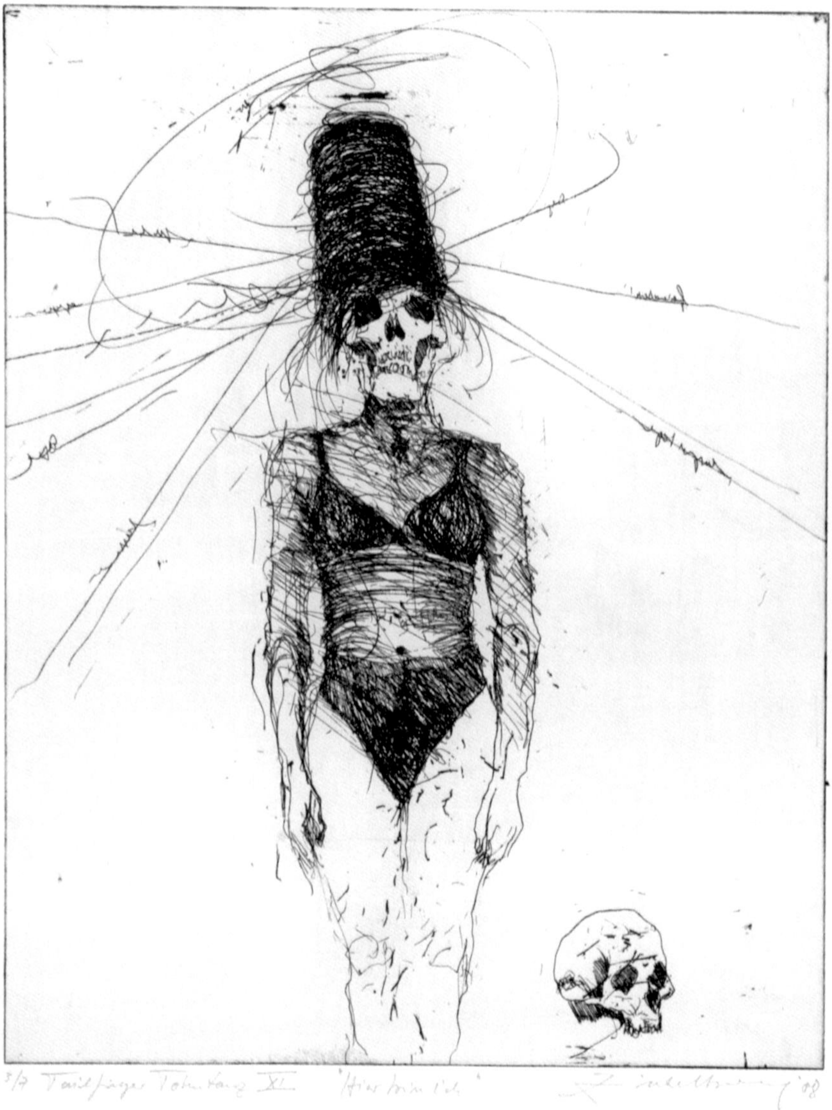

Abb. 6: Helmut Anton Zirkelbach, „Hier bin ich", Blatt 11 von 13 der Folge *Tailfinger Totentanz*, Radierung, 2008, Inv. Nr. F 1818.

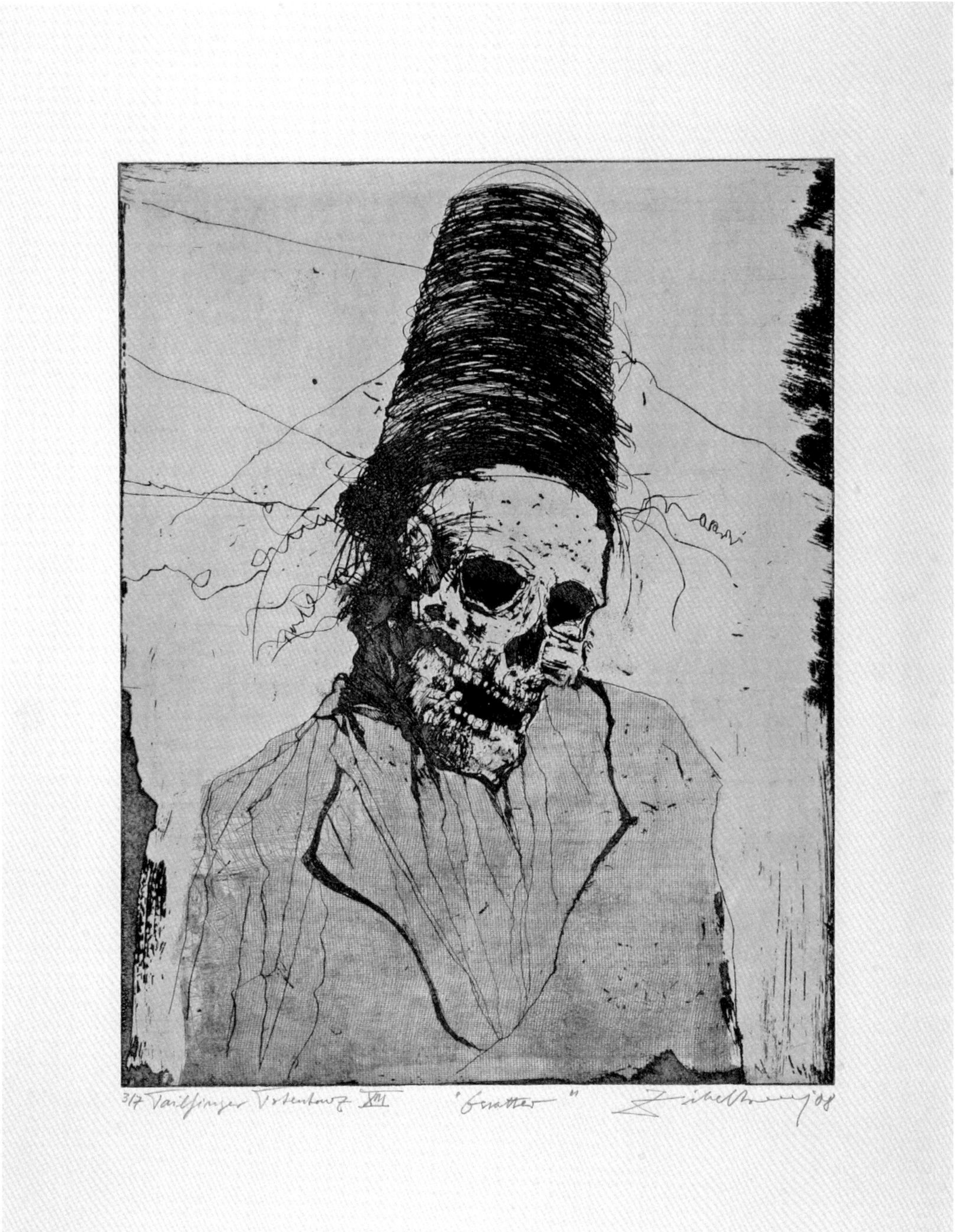

Abb. 7: Helmut Anton Zirkelbach, „Gevatter", Blatt 13 von 13 der Folge *Tailfinger Totentanz*, Radierung, 2008, Inv. Nr. F 1820.

Abbildungsnachweis

Titel: Josef Ferdinand Seitz, Auferstehung, Mischtechnik, 1986.
Mit freundlicher Genehmigung von Klara Seitz.

Luise Maslow (S. 10–24)
Abb. 1–9 Mit freundlicher Genehmigung von Klara Seitz, der Witwe des Künstlers.

Michael Overdick (S. 26–34)
Abb. 1–7 Mit freundlicher Genehmigung des Künstlers.

Julia Engels (S. 36–45)
Abb. 1–6 Mit freundlicher Genehmigung von Maria Delhey-Hodiamont, der Witwe des Künstlers.

Jennifer Liß (S. 48–57)
Abb. 1–6 Mit freundlicher Genehmigung des Künstlers.

Stefanie Knöll (S. 60–68)
Abb. 1–5 Mit freundlicher Genehmigung des Künstlers.

Jennifer Liß (S. 70–78)
Abb. 1–6 Mit freundlicher Genehmigung des Künstlers.

Anja Schürmann (S. 80–89)
Abb. 1–7 Mit freundlicher Genehmigung des Künstlers.